健康对于生命，犹如空气对于飞鸟，有了空气，鸟儿才能展翅飞翔。珍惜生命，爱护健康。

一生一事

顾方舟口述史

顾方舟 口述
范瑞婷 访问整理

图书在版编目(CIP)数据

一生一事：顾方舟口述史 / 顾方舟口述；范瑞婷访问整理. —北京：商务印书馆，2018（2019.3重印）
ISBN 978-7-100-16058-2

Ⅰ.① 一… Ⅱ.① 顾…② 范… Ⅲ.① 顾方舟—生平事迹 Ⅳ.① K826.2

中国版本图书馆CIP数据核字（2018）第079558号

权利保留，侵权必究。

一生一事
——顾方舟口述史
顾方舟　口述
范瑞婷　访问整理

商 务 印 书 馆 出 版
（北京王府井大街36号　邮政编码100710）
商 务 印 书 馆 发 行
北京新华印刷有限公司印刷
ISBN 978-7-100-16058-2

2018年5月第1版　　开本787×1092　1/16
2019年3月北京第3次印刷　印张13¾　插页6
定价 45.00元

1988年，62岁留影

母亲周瑶琴

父亲顾国光（前）与二叔

1949年在天津合影（左起：小叔顾国梁、顾方舟、母亲、大哥顾方乔、五弟顾方奎）

妻子李以莞，1949年摄于北京

1956年，顾方舟夫妇与母亲摄于北京

1966年，在昆明全家合影

2012年，全家福（后排左起：次子顾烈南一家、女儿顾晓曼夫妇、长子顾烈东一家）

2013年，顾方舟夫妇在国家图书馆古籍馆

1952年，顾方舟（右1）与苏联医学科学院病毒研究所的研究生同学（左2：C.德罗兹多夫）

1952年，在莫斯科学习

1959年，率队赴莫斯科考察（左起：顾方舟、闻仲权、董德祥、蒋竞武）

《把健康掌握在自己手中》手稿

1961年，陪同周恩来总理视察中国医学科学院医学生物学研究所（左：顾方舟）

1986年，参加对外友协、中苏友协医务工作者代表团访问全苏外科研究院（右3：顾方舟）

1987年，当选英国皇家内科学院（伦敦）院士

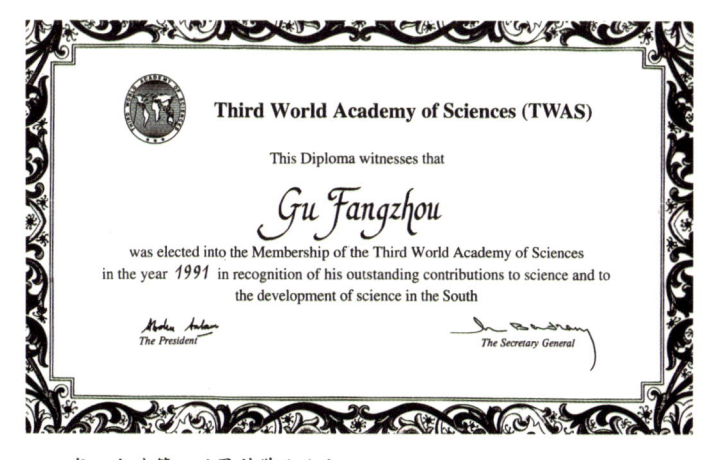

1991年，当选第三世界科学院院士

2000年，参加中国消灭脊髓灰质炎证实报告签字仪式（前排左4：顾方舟）

2001年，中国首批留苏医学研究生50周年聚会，顾方舟夫妇与卫生部钱信忠部长（中）合影

20世纪80年代，在马克思墓原址前

2014年，顾方舟与访问者范瑞婷合影

顾方舟像

前　言

本书是"中国记忆·学者口述史"系列的第二本。这一系列的第一本《风雨平生——冯其庸口述自传》已于2017年1月在商务印书馆出版。中国记忆项目是国家图书馆以中国现当代重大事件、重要人物、传统文化遗产为专题，以传统文献体系为依托，系统性、抢救性地进行口述史料、影音史料等新类型文献建设，并最终形成特色专题资源体系的文献建设和服务项目，是国家总书库的重要组成部分，是图书馆资源采集、整理、服务、社会教育与文化传播等职能的新拓展。

中国记忆项目自2012年开始从事"当代重要学者"专题的资源建设工作，对我国各领域具有重要影响和突出贡献的专家学者进行口述史访谈，目前已开展20余位学者的口述史专题资源建设工作，涉及历史学、哲学、医学、农学等多个领域。

顾方舟先生是接受中国记忆项目口述史访谈的第二位学者。顾方舟1926年生于上海，是我国著名的医学家、病毒学家。20世纪50年代，在我国脊髓灰质炎（简称"脊灰"）肆虐的情况下，他临危受命，由乙型脑炎转向脊髓灰质炎的研究。1959年率队赴苏联考察脊灰疫苗，1960年带队试制成功我国第一批脊灰减毒活疫苗（Sabin型）500万人份，并于1962年研制成功脊灰糖丸活疫苗。由于糖丸活疫苗在全国的推广应用，1994年我国在湖南发现由野病毒引起的脊灰成为最后一例，2000年世界卫生组织证实我国成为无脊灰国家，顾方舟为我国消灭脊灰做出了重大贡献。

2013年10月22日，中国记忆项目工作团队开始进行顾先生的口述访谈，2014年7月，11次口述访谈结束。后进行文稿编辑和资料整理工作，查漏补缺，2015年11月，对顾先生进行补充访谈，对他的爱人李以莞女士进行访谈，共计3次。2016年8月，为了本书内容的完整性，工作团队赴云南昆明中国医学科学院医学生物学研究所，采访所长李琦涵、科研处处长车艳春，及尹芳、杨志和、赵玫、龚春梅四位建所初期即到昆明所的顾先生的老同事。

中国记忆项目中顾先生口述史记录的工作团队，项目负责人为范瑞婷，负责访谈和书稿整理工作；前期沟通协调由田苗完成；摄影主要由赵亮、满鹏辉担任，另外韩尉、刘世元、郭比多、杨天硕也参与了拍摄工作。在书稿整理过程中，刘芯会参与了全书校对及中文作品的核对工作，张弼衍、杨秋濛、孙一参与了英文作品的核对工作，宋本蓉在学术规范方面提供了指导，全根先两次审校全书文稿。

今后，中国记忆项目将继续开展学者口述史料的出版工作，我们希望读者们能够从中了解并记住这些先生们。

国家图书馆中国记忆项目中心

目 录

一 童年碎影 / 1

1. 宁波外婆家 / 2
2. 天津"宁波帮" / 8
3. 日本侵华后的中学校园 / 12
4. 亡国奴的屈辱 / 15

二 青春之歌 / 17

1. 老协和教授严镜清 / 18
2. 抱着头骨睡觉 / 21
3. 人生的抉择 / 23
4. 北平解放 / 27
5. 活报剧、短剧、街头剧 / 30
6. 结识我的老伴 / 34

三 留苏四年 / 37

1. 大连卫生研究所 / 38
2. 周总理设饯行宴 / 41

3. 勇闯语言关 / 43

4. 副博士学位 / 48

5. 苏联印象 / 51

四 结缘脊髓灰质炎 / 55

1. 脊灰的爆发 / 56

2. 赴苏考察死疫苗 / 62

3. 死活疫苗之争 / 65

4. 活疫苗与国情 / 68

5. 北京试生产500万人份 / 72

6. 在儿子身上做实验 / 74

五 扎根昆明 / 77

1. 创建猿猴实验生物站 / 78

2. 举家入滇 / 82

3. 自主研制疫苗 / 87

4. 推行活疫苗 / 93

5. 一个不能少 / 98

6. 维持无脊灰状态 / 101

7. 无脊灰，无遗憾 / 105

六 一辈子，一件事 / 109

1. 最遗憾的事 / 110

2. 隧道的尽头是光明 / 116

3. 协和的"三严"学风 / 120

七　我眼中的世界 / 127

　　1. 生命只有一次 / 128

　　2. 人生的砝码 / 133

　　3. 理想照进现实 / 136

　　4. 预防为主 / 143

附录　昆明所纪事 / 147

　　尹芳口述实录 / 149

　　杨志和口述实录 / 157

　　赵玫口述实录 / 167

　　龚春梅口述实录 / 177

　　李琦涵、车艳春口述实录 / 184

顾方舟年表 / 193

顾方舟作品 / 201

为了不被忘却的纪念——编后记（范瑞婷） / 211

一
童年碎影

1. 宁波外婆家

我是1926年6月16日在上海出生的。我的祖籍是宁波，宁波的鄞县，现在叫鄞州。

我实际上是在宁波市长大的。因为我父亲在我很小的时候就去世了，所以我母亲就在宁波市租了一间房子，我哥哥、我弟弟，还有我，再加上我小叔，一共四个孩子。我小叔是我父亲的弟弟，跟我们差不多年纪，当时跟我们一起住。我们一家就在宁波市内租了房子，安了家。所以我小时候就在宁波市长大，上小学。

我是家里的第二个孩子，我的哥哥叫顾方乔，他比我大一岁，他出生在宁波附近的一个镇，叫做方桥镇。所以我的名字为什么叫方舟呢？一个是桥，桥下面有船。老三没有养活，很小的时候不知道什么原因夭折死了。老四是先天脑子发育不好，一直留在乡下我外婆家，后来就务农了。老五后来我母亲也把他带出来了，也到了天津。他跟

母亲28岁，1926年摄于宁波

我差五六岁，我记得我和哥哥在读大学的时候，他刚刚升高中。所以我家里有我的外婆，我母亲，还有我的哥哥、小弟弟，就这么一个家庭，很简单。

我对我父亲的印象很浅，我知道他上的是东吴大学，大学毕业了以后，到了所谓英国人的海关。当时是旧中

全家福，摄于1928年前后（左起：顾方舟、顾方乔、母亲、顾方方、父亲、顾国梁）

国，我们中国人没有关税自主权，是英国人控制我们的海关。他就在英国人把持和管理的海关里工作。我父亲在世的时候，我们家家境还可以，但是我父亲一去世就没办法了，也就是现在说的家道中落，等于是家里的顶梁柱没有了，倒了。没有了父亲，我们就跟着母亲，靠着外婆把我们抚养大，所以小的时候我们几个孩子在宁波跟着外婆生活。

父亲与母亲，摄于20世纪20年代

我父亲得的病叫做黑热病[①]，所谓的kala-azar，这种病主要是脾脏受到感染，当时病死率比较高。我父亲因为在海关工作，他要到轮船上去检查货物或者是旅客，就在船上感染了。当时天津是一个通商港口，所以他就回到天津。在天津住了医院以后，诊断是黑热病，但没有治好，就在天津去世了。

我去宁波时很小了，是我四五岁的时候吧。现在对宁波的记忆很浅了。我们住在同仁堂弄，里面有一个大杂院，我们就住在那个大杂院里头，租了一间房，南方都叫里弄，北方叫胡同。周围住的都是老百姓，住那种房子的人家境都是不富裕的，租间房子这么凑合着过日子。在记忆当中，宁波曾是五口通商的这么一个地方，受外国的影响还是比较深。我们小的时候就到宁波的江北岸去玩，那儿比较繁华。

[①] 黑热病，又称内脏利什曼病，是杜氏利什曼原虫（黑热病原虫）引起的慢性地方性传染病，曾流行于长江以北地区。

我记得小时候有一桩事情。当时宁波流行霍乱，我们有个邻居得霍乱死了，他的灵堂就设在家里头，正好和我们隔壁。我后来听外婆讲，我那时候小啊，才四五岁，也不晓得这个，就到处乱跑，可能是到了他的灵堂，受到感染，得了霍乱。当时霍乱死亡率很高，那时候也没有办法治疗。得了霍乱怎么办呢？宁波有一个医院叫康宁医院①，现在大概已经不在了。后来外婆找人把我带到医院里，每天去，在屁股那儿打盐水，就这样子把我给救过来了，要不然我也活不到现在。所以这个给我印象比较深。

因为当时年纪小，对宁波印象不深，很多事情都忘记了，主要记得外婆对我们的照顾，为什么我总记得外婆呢？因为我父亲去世了以后，生活就成了问题，我们家一大堆孩子，怎么办呢？现在我回想起来，在我母亲的心里头，这是一个大问题，谁来养活这些孩子？后来我母亲下了最大的决心，投考杭州广济产科专门学校②，去学助产，她要自己来养活我们，就把我们这些孩子交给我外婆了，所以我们小时候跟母亲接触也不多，因为我母亲在杭州念书、学习。

我对我父亲这一系的印象非常浅，没什么印象了。我父亲的出生地我都没去过，不知道在哪里。我父亲过世以后，整个我父亲那边就败落了，我一直是跟外婆在一起。因为对我母亲来说，丈夫死了，投靠谁呀？只有回到娘家。这么几个孩子谁来养呀？别人谁也帮不了你。

我对顾家的情况都不太清楚，没有人给我们讲，我对亲戚之间的关系都弄不清楚。就知道我父亲一去世，家道中落，我们顾家等于整个就倒下了，垮掉了，要不然我母亲也不会去学助产。小叔是我父亲的弟弟，那个时候他比我们大不了几岁。我们搬到了天津以后，我这个小叔就留在宁波了，至于他后来的情况我们也不是太清楚了。

---

① 宁波市康宁医院，前身是1919年民间募捐创立的以西医产科为特色的镇海同义医院。
② 杭州广济产科专门学校，前身为广济医院，1906年梅滕更将广济医院与广济医校划分为两部，并正式定名为广济学堂，内分医学堂、药学堂和产科学堂。三学堂后又分别改称医学专门学校、药学专门学校和产科专门学校。

1934年，母亲（前排右2）毕业于杭州广济产科专门学校

关于父亲，我印象最深的一次就是他出殡的时候，出殡、安葬，别的没有什么。那时候太小，对我父亲印象太浅了，所以我从我父亲那儿没有继承什么。我母亲在天津挂牌开业，一天到晚就是忙着自己的接生工作，她能管着我们一天吃三顿饱饭这就很不容易了。所以很偶尔跟我们提起我父亲，但很少提到他在海关的事。所以我对我父亲的印象也很浅，几乎是没有多少记忆。

我父亲死了以后，他所在的海关给了一笔钱叫保险金。他生前参加了保险，有一笔保险金，这是我母亲告诉我的，但是多少钱我就搞不清楚了。我母亲靠这个保险金去上的学，上的产科学校，另外也靠保险金在宁波租了房子，安顿下来。我外婆的家在宁波乡下是怎么一个情况，我不太清楚，反正是够艰苦的。所以要是没有这笔保险金，那我们可就太悲惨了，可能我们几个也活不到现在，旧社会没有钱，你一步也走不动。

现在回想起来，我得要谢谢我外婆，我外婆等于把我们这几个孩子拉扯大。所以我们小的时候也谈不上有什么很深刻的记忆，就是在宁波上小学一年级、二年级，没有太多值得回忆的东西。有的人的童年过得很苦，有的人的童年过得很幸福，我们没有这些，很平淡。

　　我的童年或者是少年，就是在这种情况之下过来的。有人疼，就是我外婆疼我们，有人管，就是我妈妈。我们到了天津以后，上小学、中学，都是靠宁波老乡，宁波人在天津做买卖什么的，都是宁波老乡互相帮忙的。

2. 天津"宁波帮"

我们去天津好像是1935年，我母亲一个人先过去，她安顿好了，再把我们接过去的。外婆还在宁波，就是我母亲带着三个孩子，在天津留下了。当时好像是住在一个叫三德里（属和平区）的地方，是租的当地的楼房，因为我母亲工作得有一个接待的地方。当时什么大柜子、小柜子、箱子，这些都没有。她就一个人拎着个小箱子，带了几件衣服，先到了天津，到了那里找到地方落脚。因为她有助产士的毕业证书，靠这个到天津市英租界去申请助产士执照，像现在一样，有了执照你才能够接生。我们没有所谓的搬家，没什么可搬的。我母亲安顿下来之后，就把我们接到天津，去上学了。

因为天津也是一个海关，那里有父亲海关的旧同事，有宁波的老乡，这样的话有个照应。我母亲在杭州念了接近三年书，产科毕业，毕业以后就把我们带到天津，在那里挂牌成为了职业女性，靠接生来生活，养活我们这些孩子。所以我们小时候也没什么苦不苦的，反正就这么过来了。但是我母亲受的苦，这是我们长大了以后才慢慢体会到的，一个妇女养活三四个孩子，这不可想象，在旧社会不可想象。在旧社会，没有人帮忙，职业妇女没办法在社会上立足。不要说妇女了，就是男人在旧社会想要立足也很不容易，只有靠老乡、同事这些关系。所以我母亲她一天疲于奔命，接生、复诊等等这些，还要照顾我们这些孩子，她也没有时间再跟我们念叨我父亲的情况怎么怎么样。你看接生这个行业，什么时候叫你去，你就

1935年，母亲在天津的助产士开业执照及证书

得去，大多数时候都是晚上甚至半夜生产。她什么都得自己做，产前准备产包、消毒等等，产妇生下孩子以后复诊还得去，刚生下来的孩子如果身体有什么小问题还得去。我不记得当时我们是怎么生活过来的，我母亲出去接生，我们怎么在家都不记得了，那时候还是太小了。

我们到了天津以后，因为我父亲在那里工作过，所以他的一些朋友，包括同乡也好，同事也好都来帮忙。有一位老先生，他也是一位医生，姓钟。他出于对我母亲的同情，一个寡妇带着几个孩子讨生活很不容易，所以他挺帮忙的。开产科诊所得有地方接待，不然人家生孩子找哪里？他租给我们房子，给我们帮了很大的忙。有一个妇产科医生姓丁，我还记着她的名字，叫丁懋英[1]。她是美国美以美会[2]的，对我母亲帮忙很大。我母亲不是医生，像难产等问题，助产士是没有资格处理的，她就求丁大夫帮忙。

---

[1] 丁懋英（1891—1969），女，上海人。上海著名的孟河中医丁甘仁之女。民国初年到天津，为严修所爱重，赴英国留学学医。学成归国后，1923年入严氏任董事长的天津公立女医院（水阁医院），任院长。1935年在英租界伦敦路（今成都道）创立天津女医院，自行开业行医。1945年日本投降后，在联合国救济总署、国民政府行政院救济总署华北国际救济会工作。

[2] 美以美会（The Methodist Episcopal Church），是1844—1939年在美国北方的卫理公会所使用的宗派名称。

另外还有一些老乡给我母亲介绍产妇，这个人介绍这个产妇，那个人介绍那个产妇。因为知道我母亲是接生的，让你接生，你得要收费吧，所以等于介绍生意了，介绍一些产妇过来，这就是帮忙了。就是靠着朋友，主要是靠着我们"宁波帮"，要不是"宁波帮"帮着我们，我们的日子很不好过。宁波人很团结，要是宁波人有什么困难，大家都能伸出手来帮忙。

没有什么机构、同乡会什么的，邓小平不是说了嘛，说你们宁波帮帮宁波，他都知道宁波帮。所谓宁波帮，就是宁波老乡和老乡互相都有联系，有什么事互相都帮忙。宁波人到全国、到海外，都是靠同乡，不然你靠什么呢？都是老乡帮老乡。所以为什么有一句话，老乡见老乡，两眼泪汪汪。在旧社会谋生的苦，没有经历过的人根本体会不到，我当时太小了，连我都很难体会。

我们年龄小不在乎，很快就适应这个新环境了，没有什么困难。那时候主要有母亲的呵护，我们又小，人情世故懂得很少，全靠母亲把我们拉扯大。我小的时候有玩伴，但都是很快就分手了，大家跟着父母各奔东西了。同学的关系也很浅，从小就是我和我哥哥，我们年龄相仿，我们哥俩玩。他现在在天津。

所以像我和哥哥，我们小的时候没有吃太多的苦，不像有的人，丈夫死了以后改嫁了，或者是怎么样了，她的孩子是受尽了苦难，有的是小小年纪就做学徒去了，有的流浪到外面挨冻受饿没有人管。

我非常感谢母亲的抚养和教育，也就是在那个时候给了我一个性格，不怕艰难，不怕困苦，不怕脏也不怕累。眼看着我母亲受的苦，就是现在我们也想象不出来我母亲当时是怎么艰难地把我们这些孩子拉扯大的，真是常人所不能承受的。

所以我母亲总是这么教育我，说你以后要考医学院。后来我不是上了高中，考了医学院嘛，我母亲不是医生对不对，她为什么希望我当医生呢？她说医生是人家求你来治病，你不要去求人家，这说明什么？说明我母亲那时候，在旧社会什么事情都得要求人家，都要让别人帮忙。因为她是助产士，助产士没有权来处理难产，一些病也没有办法处理，所以必须要求人家，因此我从小她就教育我们要自立，要靠自己。

童年时期，我受我母亲的影响比较大。如果要说继承，我只能说我继承了我母亲的这种咬牙吃苦要把孩子养大的坚忍，这对一个旧社会的女性来说，真是很不容易。外婆是抚养我

与哥哥顾方乔（右），摄于20世纪40年代

们长大的，外婆对我的影响也很深。童年最值得我记忆的就是我的外婆和我的母亲。我小的时候就是这样子过来的，所以养成了一个意识，一定要拼命学习、自立，不要让母亲再受苦，就靠这个信念支撑着我哥哥和我。

3. 日本侵华后的中学校园

我对宁波学校的情况记忆很浅，因为那个时候我们上的小学都是私立小学。几个知识妇女凑在一起，有人投点资，申请这么一个学校，招收这么几十个学生。这些老师都是职业妇女，教书也是为了挣点钱，不像现在的这种公立教育。

在天津我们上的是浙江小学，也是私立的。这些学校就是一个学期收几块钱，然后你过去上学，现在我都找不到我的小学文凭在哪儿，好像没有。它也是要按照当时国民政府颁布的教学法开课，小学都得要遵照这个，课程我记不清楚了，好像有地理、历史这些，还有现在叫语文，那时候叫国语。教的课程跟公立学校是一样的，要不然政府也不能批准，当时国民政府教育还有教育法呢，这个不能违背。

我是1938年开始在河北昌黎读中学。昌黎是很有名的一个地方，昌黎汇文中学①是美国美以美会办的教会学校，还有一个女中叫贵贞女中，一个女校，一个男校。我们初中是在昌黎汇文中学，挺不错的一个学校。校长我还记得，是个美国人，叫做伊文斯（音译），现在我都还记得，他说着一

---

① 昌黎汇文中学的前身，是美国美以美会于1910年在昌黎县城东关修建的成美学馆。成美学馆初办时为高等小学堂，后改办成成美中学，1922年易名"汇文中学"。汇文中学在建立之初，校长一职均由美国人担任。1931年，昌黎汇文中学在河北省教育厅立案，正式改名为"河北省私立昌黎汇文中学"。

口很蹩脚的北京腔,是美以美会派来的,所以他是教会的,是个牧师。另外学校还有个礼拜堂,有的时候伊文斯就带着学生到礼拜堂做礼拜,唱诗,但我那时候贪玩,很少去。

这个教会学校有个特点,它的英语教得比较好。其他聘的老师素质也都不错,可能因为它给的薪金高一点,它能聘比较好的老师。所以在昌黎汇文的时候,我受这些老师们的影响比较深。这些老师的知识基础相当好,他们不光是教英语,也教古文,让我们背《古文观止》,上课就得检查。我们那时候就学《前赤壁赋》《后赤壁赋》《出师表》,这都是中学的时候学的。当时老师给我们讲,很多我们都不懂,但不管懂不懂,你得先背下来。(20世纪)40年代初,那时候日本人还在,初三有一个日本老师,这个老师是教日文的,他对学生挺不错,可是我们都不爱学日文。后来我们听同学说,这个老师是日本共产党。

学校有美国的老师,后来日本人一打进来,其他国家的老师都走了,校长也走了,就没有外国人了。不过在初中的时候我们受的那些教育,我感觉非常不错,教学的质量也很高。汇文有一个很好的图书馆,那个图书馆对中学生来说相当不错。那时候我们就学着到图书馆去查资料,老师也鼓励我们,说要参考其他资料,你们自己到图书馆查去。另外昌黎汇文中学有一个教体育的老师,给我的印象比较深。你别看他是体育老师,他一直给我们灌输什么呢?以后你要有出息,你就得有强健的体魄,你必须要把我这个课上好。他没有讲什么打倒日本帝国主义,他不讲这个,可是言下之意同学们也都明白,都非常喜欢这个体育老师。我在初中的时候不像我哥哥,我哥哥念书念得好,净争第一名、第二名。我不去争第一、第二,我就是玩体育,我喜欢体育。所以初中这段时间给我的教育,我觉得几方面都得益匪浅。

篮球、网球,这是我最喜欢的。那时候汇文中学有两个网球场,因为这里是美国人的关系,美国人不是喜欢打网球嘛。体育各项我都喜欢。

我高中就回天津了。开始是考取了燕京大学附属中学。那是1941年夏天,半年后太平洋战争爆发了,日本和美国打起来了,日本人就把学校都封了,把燕京大学也封了,把燕京大学的校长司徒雷登抓起来了,我们上不了学,就回天津了。我母亲在天津开业,因为接生的关系,和一些宗教界的人士来往比较多,后来我们就到了天津工商学院的附属中学,那是法国教会办的。

高中三年,有两个老师给我印象特别深。一个是教历史的,我特同情那个老师,他干瘦干瘦的,看起来家境很困难。他历史教得特别好,他教历史是讲故事,讲故事就把历史都给你带出来了,所以我非常喜欢历史课。另外我还喜欢国语课,也就是语文课,教语文那个老师很怪,他教语文同时唱昆曲,玩票友。有一次他在工商学院附属中学的大礼堂,举办了一个昆曲晚会,唱《霸王别姬》,他演(西楚)霸王(项羽),我们另外一个同学也是一个昆曲迷,演虞姬,师生两个人唱。那时候为什么我喜欢语文呢?就是因为这个老师,他一跟你讲《霸王别姬》把戏词都给你讲,同学们听得特别带劲。所以我觉得中学里头有几个好老师,对我影响比较深。其实我学医,那是我母亲的意思,要我自己选的话,我去学文科。

高中有一个姓卞的同学,我记得很清楚,他现在已经不在了,他叫卞学镇[①],我还记得他的名字。我们俩特要好,他也喜欢体育,也喜欢语文,我们两个经常在礼拜天的时候,在一块扔铅球,搞体育运动。还有一些其他的同学,但是后来就没联系了。

当时我们对国民党恨得要命,光复了、八年抗战胜利了,结果来了一帮子国民党兵、大员,搜刮、欺压百姓,我们中学生都看不惯。那时候还没有党的觉悟,到了大学,才慢慢慢慢接近党的组织。

[①] 卞学镇(1924—2001),1949 年辅仁大学经济系毕业。后入中国人民大学贸易统计专修科。毕业后任职于粮食部,1980 年筹建南京粮食学院,任教授和系主任。曾任江苏省政协委员。

4. 亡国奴的屈辱

旧社会就看你是有钱人还是没钱人，我们在学校，人家一看你这个孩子家里不富裕，他就分等级了，对待你也不一样了。所以说起来那个时候给我印象最深的就是，你要是穷人家的孩子，甚至于在学校里头也照样受欺负。同时穷人和富人的差异特别大，穷人对富人又有一种天生的仇视，这种阶级之间的矛盾很深。

我们搬到了天津以后，那时候日本还在占领着中国呢。我们上高中的时候这样，上大学的时候也是，1945年日本才投降了。可以说我的童年和少年时期是生活在中国殖民地半殖民地的这么一个状况之下。

说起小时候，在天津上学，英国人、法国人、日本人都在天津有租界，甚至意大利都在天津有租界。这个租界是怎么回事儿呢？八国联军这些所谓的强国，在通商口岸都有租界，它借你一块地，其实是把你这块地当作它侵略中国的桥头堡。它的租界有治外法权，比如英国人或者法国人在租界里犯法了，中国没有审判他的权利，所以他们在租界里横行霸道。

日本人就更坏了。租界不是都有关卡嘛，日本兵在那里把守，中国人过日本关卡的时候，他稍微看你不顺眼就罚你跪，推搡打骂种种的欺凌。那时候我们还小，日本人还不能把我们怎么样，可是我们看着别人受屈辱、受欺凌，看着他们对中国老百姓的所作所为，我们看在眼里，心里特别害怕。那时候你没有人格，更不要说国格了，所以我们受到很大的刺激，留下很深的印象。那时候对日本人特别恨，我们一些要好的同学，都有很高的爱国热情，这个不用人教。所以我们上大学的时候，日本人还在，学校要我们学日文我们都不好好学，都抵制，现在叫爱国主义、民族主义。没有受到那种屈辱，没有受到那种欺压，不懂得国家的强盛对我们是多么重要。我们从中学的时候就体会到，等于是亡国奴了，那个滋味是真难受。

那时候我们小，到了大学，慢慢懂得接近地下党，慢慢唤醒了我们的民族意识。你知道做亡国奴是什么滋味？要打就打你，要杀就杀你，把你的矿产资源等等都掠夺到日本去。租界是它的租界，租界花费都是靠税收，把从中国搜刮来的钱都运到它本国去了。我们小时候这一段历史，确实是一段屈辱的历史。所以为什么后来我们在大学里头志同道合的同学，大部分都加入了地下党，都因为有这个基础。我从小学、中学到大学，一直是在这种气氛下读书生活。

我们在北京大学医学院的时候，那时候日本还没投降呢，我们关系比较好的同学，都在课底下唱一首歌，就是岳飞的《满江红》。因为日本人侵占我们的国土，所以我们的民族意识是很强的，从我们小时候埋藏在我们心里头的，主要就是民族仇恨，对日本侵略者的仇恨，对帝国主义的仇恨。

这个不亲自体会，感觉不到中国为什么那么需要强大，为什么中国必须要独立，为什么有那么多人前仆后继，就是为了今天。现在年轻人也上过历史课，读过过去那个年代的书和资料，我不知道他们怎么看过去的历史。我们在那个时候干工作根本不讲什么报酬，就是拼命干活，组织上给什么任务就拼命干，还要把它干好了，干出名堂来，不辜负组织上对我们的培养，就是这股子劲儿。跟我们一样想法的人太多了，要不然为什么有这么多的先烈抛头颅、洒鲜血，那是真的，实实在在的牺牲，不是喊喊口号。为了祖国的独立、强大，为了以后不再受那种屈辱，他们义无反顾。

我今年八十七了，就是跟着中国的历史发展走过来的。所以我们后来有了阶级觉悟，能够接近共产党，参加了党的组织，接受党的培养，要不然也没有我今天。

二
青春之歌

1. 老协和教授严镜清

大学我是在北京大学医学院读的，那时候日本还没投降。我们大学不是四年，是六年制。我们班里分成了一个大班、一个小班，大班是四年制，小班是六年制。多读两年，为什么呢？多读两年是学的协和（医学院），因为协和医学院是八年制，谁上得起八年呢，我们北大医学院上六年。北大给我的教育，除了医学以外，更多地给了我一些党的教育，我们一些志同道合、"臭味相投"的同学凑在一块就是谈这些事儿。

北京有一个背阴胡同，那里有一个北京大学医学院的医院，里面有一个基础部。所谓基础部就是临床前的一些科目，比如解剖、病理、药理、公共卫生，像这些科目都是在那里上的课。

大学一年级的时候，主要就是念生理、解剖这些科目。我记得比较清楚的是这里的教授，有好几位都是从老协和过来的。为什么是叫老协和，老协和不是美国人创办的嘛，因为日本人打入北京以后，美国人的财产，包括这个学校等等，都停办了，所以有些教授就到北京大学医学院去了。这里面有好几位老协和的教授，都是资格非常老的、很有名的教授，但是给我印象比较深的是谁呢？是一个从日本派来的教授，给我们讲生理学。我们这些学生，那时候对日本特反感，我们不愿意听他的课，而且他根本不会中国话，他就用日本话给我们讲课。我们听也听不懂，他也不管，到现在我还记得青蛙的心脏的日语发音。有的同学那真是认真，跟着日本教授讲课的进度，把日文学得很好，我根本就不爱学，那时候非常痛恨这个，

1947年，在西什库后库北大医学院课后与同学合影（石狮上前为顾方舟）

1948年，在西单背阴胡同北大医院课后与同学合影（右1立者为顾方舟）

所以给我的印象比较深。现在想起来那时候真是有点太偏激了，你学的是医学，是一门科学，应该把这个科目、这门科学掌握好。

　　其他的还有像生理、病理、药理等课程。其中有一门公共卫生学，教课的是一位姓严的教授，叫严镜清①。严镜清教授是我的老乡，是宁波人，他是哈佛大学公共卫生学院的硕士，毕业于老协和，后来就留在协和医学院。日本人来了以后，协和医学院关门了，他就到北京大学医学院教公共卫生这门课。我特别喜欢公共卫生，公共卫生包括的范围很广，比如像妇幼（妇女幼儿）卫生，还有像学校卫生，工厂里头的工业卫生，营养卫生等等。严教授给我们讲这个课的时候，特别带有感情，因为讲这些公共卫生的时候，必然会涉及社会上的一些问题。比如说像妇幼卫生，里面包含着生产以前、生产以后。中国当时婴幼儿的死亡率和产妇死亡率很高很高，非常惨。妇女生小孩了，没条件，没知识，医生也没有，就在家里生，有时候碰到难产，大人、孩子就都完了。麻疹也是一死就是一大片。讲到工厂卫生更甭说了，工作环境脏乱差，工人的安全根本得不到任何保障，更不用说健康了，工人简直是遭罪。严教授是一位非常进步的教授。为什么后来我选择公共卫生呢，受他的影响很大，后来我们又学临床，又学流行病。严镜清教授在北平解放以后，是第一任卫生局局长。

---

① 严镜清（1905—2005），浙江宁波人。公共卫生学家。中国遗体捐献项目发起人之一。

2. 抱着头骨睡觉

大学上临床以前，得学解剖吧，身体各个部位，有骨骼学，有肌肉学等一些基本的学科。

解剖学，是尸体解剖。那个时候学校也很困难，要解剖一具尸体，那得花钱买。到上解剖课的时候，一具尸体我们是四个人用，从肌肉、血管到神经，都要解剖，都要学。当时我挺怵上解剖学的，因为你得记清楚，到时候要考你，人体的骨骼，有肱骨、尺骨、股骨，还有颅骨。颅骨里头有好多窟窿，每个窟窿都有名字，这都得记下来。当时上第一节课的时候很害怕，因为是头颅骨，后来都不害怕了。我们一些学生为了准备考试，

1949年，在西单背阴胡同北大医院课后合影（右2为顾方舟）

就从学校里头把头颅骨借出来，借出来之后抱到被窝里头睡觉前数，因为每一个部位都得记清楚，那时候也不怕了，抱着头颅骨睡觉了。

那个时候，考试前大部分我们都是死记硬背，因为解剖学没有办法不死记硬背。解剖学学人体，内脏，心脏、肝脏、肺在什么地方，你没法自己发挥，它就是在那个地方。所以念医学，说枯燥也很枯燥，说它有意思也很有意思。临床前的这些科目，受到的教育确实很多。

这些是前两年。像内科、外科、小儿科、妇产科，这都是临床需要学的，老师讲课，会结合病来讲，这就结合实际了，听起来就比较有意思。我印象比较深刻的是妇产科。那个时候，我们几个同学到妇产科医院，那有人在生小孩，我们几个同学去观摩。学生嘛，又不动手，他得要知道这个过程。那个时候很感兴趣，怀胎十月临产了，临产应该做什么准备工作，接生怎么接。那是我第一次到产科去实习，所谓实习就是观摩了。我头一次看到孩子从妈妈肚子里出来，先看到头那么出来，明白原来生小孩是这么生。

后来上这些临床的课，像儿科、妇产科这些科目都要学，然后会轮着去相关的医院实习，但实习时间很短，就是让你知道有这么一个过程，因为学生太多了。

3. 人生的抉择

在大学一年级、二年级的时候，我们的北平地下党，在医学院也发展党员，我就是在那时候被发展的。当时谁也不知道谁是共产党员，我们知道是进步同学，这进步同学里面就有我们地下党。那时候在北平学校里面，地下党有两支，一支是北系的，就是当地的或从东北来的，还有一支是南系的。

这不是日本人侵略中国嘛，好多人都往南走，跑到重庆跑到四川去了，大半个中国都给日本占领了。所谓的南系就是跑到重庆跑到成都的这些人，也有我们地下党员，他们从那边回来的。但是党的组织关系，南系和北系是不沟通的，因为当时还在国民党统治的时候，互相不联系，当时我们医学院里地下党也是有南系和北系之分的。

有一天我一个北医的同学，姓陈，叫陈宁庆[①]找到我。那时候我年纪还是比较轻，他叫我小顾，"小顾你考虑不考虑加入我们共产党？"他问我。实际上那时候我已经参加地下党了，我想你怎么那么冒失，也不弄清楚我的身份就来问我这个。那时候他也不亮自己的身份，他是不是共产党。当时我就跟他说："你别提这事儿，别提这事儿。"他觉得奇怪，小顾怎么这

[①] 陈宁庆，1923年生，江苏丹阳人，医学微生物学家，我国空气生物学、反生物战医学研究专业的开拓者。

样。因为我怕他泄了密，当时要抓你那太容易了，有的人就打着红旗反红旗，打着共产党的旗号来反对共产党，来抓共产党。后来他一听我说这话，他不吭气了。后来我才知道，他是南系的。他后来是军事医学科学院的院长，是我很好的同学。所谓南系北系就是这个意思，当时情况很复杂。

  那时候学校里头的地下党还有进步同学对我的影响很大。我们有一位方亮教授，他是教微生物学的，在微生物教研室任助教。方亮教授是朝鲜人，但是他到了中国，加入了中国国籍，他是地下党。他联系上联合国善后救济总署①，得到了一笔钱和物资，于是想了一个主意。他组织同学在暑假的时候，到一个叫什坊院②的地方，到那去义诊。义诊不是当天去当天回来，是租了当地老百姓的一个院落住在那，给老百姓看病。同时，他们看上一些同学思想比较要求进步，就组织大

艾思奇《大众哲学》1947年版书影，藏于国家图书馆

---

① 联合国善后救济总署（United Nations Relief and Rehabilitation Administration，中文简称"联总"），创立于1943年，发起人为美国总统罗斯福，其名称内之"联合国"指第二次世界大战期间的同盟国参战国家。其成立目的乃是于战后统筹重建二战受害严重且无力复兴的同盟国参战国家。联总在中国的工作，从其规模来看，可以说是它所从事的事业中规模最大的。1945年1月，国民政府设立行政院善后救济总署，负责接受和分配联总提供的救济物资。与此同时，在延安相应成立中国解放区救济总会，董必武为会长。
② 什坊院，位于海淀区东南部。东邻铁路医院，西到西三环中路，北至空军机关大院，南靠莲花池东路。

家到那去学习。我们到那儿去以后，白天门诊，就到村里给老百姓去发药，那时候不叫医疗队，什坊院算一个医疗小组。到了晚上吃完晚饭就开始学习，学习当时毛泽东发表的《目前形势和我们的任务》①、艾思奇的《大众哲学》等等。当时有十几位同学，女同学住在南边厢房，男同学住在北边厢房，就集体开会、讨论，也没有什么明确的主题，就讨论人生观之类的。当时我头一次听到这个名词，什么叫人生观？你活着是为什么？我以前从来没有想过这个，我活着为什么，我活着就活着吧，还为什么？有的同学就解释，一个人的一生应该怎么样度过，每个同学都发言，然后就彼此争论、辩论。在这一段时间里，我开始考虑人活一辈子为了什么这个问题，开始觉得一个人要有正确的人生观，因为过去从来没有人给我提过什么人生观、世界观。

后来日本投降了，那时候才刚刚抗战胜利，当时很多同学们的观念，认为国民党是中国的正统。因为跟日本人打仗，国民党从来不宣传我们游击战，都是宣传他们，让大家都认为国民政府是中国的正统，蒋介石是中国唯一的领袖，给大家灌输的是这种思想。在二年级的时候，有一次蒋介石到了北平，在太和殿搞了一次群众的聚会，学生们都想看看蒋介石什么样，这是正统观念的体现。那时候我们大家处于一种共产主义世界观、人生观启蒙的阶段，也没有太多考虑正统不正统的问题。后来我们慢慢地了解了，国民党虽然在正面战场上跟日本人打了几仗，但在这不到八年当中，中国国土的一大半都让日本人占领了，我们还慢慢了解了共产党的一些情况，特别是学习毛主席的文章还有七大的报告等。慢慢地我们的思想就变了，原来国民党掀起内战专门整共产党，专门是贪官污吏、五子登科②，那时候我们对国民党的腐败是看在眼里，恨在心里。大学这两三年，主要是

---

①《目前形势和我们的任务》，是毛泽东在中共中央 1947 年 12 月 25 日至 28 日在陕北米脂县杨家沟召集的会议上的报告。
② 此处指抗战胜利后，国民党接收大员到收复地区先抢金子、银子、房子、车子、女子，被人讽刺为"五子登科"。

北平解放前后这一段经历，对我的影响还是挺深的，我之所以能那么快地倾向进步的这一面，倾向共产党的思想，主要在于当时国民党的腐败。他们的官员到了北平，到了大城市就是接收大员，就是接收日本人的财产，接收汉奸的财产，接收当时国家的财产，所以这些接收大员都发财了。老百姓的生活不行了，物价飞涨，国民党跟共产党打仗，一败再败，形势非常的吃紧，当时有一句话是"前方吃紧，后方紧吃"，是讽刺国民党腐败的。后来国民党临败的时候，搜刮老百姓钱财，想了一招。当时法定的纸币叫法币，就是在市面上流通的货币，他们把法币变成金圆券[①]、银圆券，印这种钞票，票面有一百的、一千的。它拿这个让老百姓去兑换，结果这个金圆券、银圆券，贬值贬得不是十倍，是一百倍、一千倍、一万倍。当时老百姓去买什么东西，都拿个小包，里面装这些钱，可见这些钱根本就不值钱，后来老百姓就拒绝用这个钱了。

在这样腐败的情况下，老百姓饿死的太多了，我们更是认识了国民党的本质，不顾老百姓死活，只顾他们自己发财。我们当时在上大学，可是那时候我们怎么能够安心地只去学医学，抗战期间也好，后来国民党统治期间也好，北平解放前后也好，我们所处的这个历史时期，促使一些要求进步的青年，倾向共产党，倾向进步，我就在那个时候政治上慢慢慢慢地成长起来的。这就是后来为什么我毕业了以后，选择了流行病学、微生物学研究，却没有按照我妈妈希望的那样，选择去当一个医生。当医生多好，听诊器一挂，白大褂一穿，看病就有钱，因为医生不像别的行业，有病就需要找医生。可是我没有选择当医生，我选择走公共卫生的道路，公共卫生里面还有一门微生物学，因为传染病都是由细菌、病毒这些微生物引起的。当医生固然能救很多人，可从事公共卫生，却可以让千百万人受益。

[①] 1948年8月18日，国民政府下令实行币制改革，以金圆券取代法币，强制将黄金、白银和外币兑换为金圆券。

4. 北平解放

当时北平还没解放,我的弟弟入地下党比较早,他有一个熟人是北京大学理学院的学生,我记得很清楚,姓张,当时告诉我的他的名字是张硕文。我弟弟就告诉我,他想见见我,实际上就是要发展我入党。那时候好像是秋天,天还没太冷。我弟弟说你到北平图书馆,就是现在文津街的那个,当时在北海公园里面。他说哪个位置那有一把长椅子,你手里拿一张报纸,你就坐到那看报,会有人来找你,我就明白怎么回事儿了。我弟弟还说,来看你的这个人手里拿着一本杂志,你们见面就是互相问姓名,就算对暗号。

那天我就去了,坐到他说的那把长椅子上。到了约好的那个钟点了,我就看见有一个男的,戴着眼镜,走过来,就坐在我旁边,说你是顾方舟吗?我抬头看他,我说您是哪位,他说我是张硕文,他手里还拿着一本杂志,我一听有门,就跟他谈话,谈的时间不长。后来他塞给我一本《党章》,说你好好看看这个,然后约定了下次见面的时间,我们就分手了。再到了下次约定的时间我就去了,他说你看完了《党章》觉得怎么样?我说挺好的。他说我们了解你的情况,他没说是通过我弟弟,也没有直接说要发展我入党,他直截了当地说你的预备期是三个月,我想《党章》里说的不只是三个月,得一年啊,但我没吱声,他怎么说我怎么记。那是在1948年的10月12号,我记得非常清楚,因为三个月预备期,我得把这日子记得,他也说你要记住这个日子,别忘了,就这样我就在"地下"入了党。

后来过了没有三个月，北平和平解放了。

那时候他们地下党也不敢太张扬，个人入党，那都是秘密的。张硕文当时找到我，他问我愿不愿意参加共产党，把共产党的性质大概介绍了一下，愿不愿意你自己考虑，就几句话，很简单，不像现在谈得很深入，入党光荣之类的。因为当时发展入党前对你有一定的了解，他是通过我弟弟，对我有了一定的了解，了解之后人家才跟你联系，不了解谁敢联系。

那时候组织分配给我们的任务是做同学的工作，宣传和平解放等。临解放以前有好多好多的工作要做，工农商学兵的工作都要做，我们是做学校的工作，做教授的工作。解放军要进城了，说不定要打仗，打仗就会有死伤，谁来抢救我们这些解放军战士，我们就动员我们医学院的人。救伤病员得有棉花有纱布有红药水这些，我跟另外一个同学直奔校长办公室，到了办公室一敲门，校长抬起头，这些学生莫名其妙地闯到办公室干什么来了。其实他那时候也有感觉了，感觉北平快要解放，解放军快打进来了。我们拿了一张单子，说校长这个单子您看看，上面有多少多少包棉棒，多少多少纱布，他一看就知道了。他也是一位进步的老师，二话没说签字了，说你们到庶务处去领吧，庶务处就是学校管物资的地方。另外我们还组织搬家，原来我们是住在中南海的宿舍，但是怕万一有事儿死伤太集中，我们就动员同学搬到府右街的一栋楼里，很结实的一个楼，我们给它起名叫石头楼，我们就做工作动员大家搬到那去。

其实那个时候在学校里头也有国民党党员，我们叫他们特务学生，也是医学院的。可是他是国民党，专门盯着你谁是进步同志，谁有嫌疑，专门干这个，地下党员的黑名单就是他们提供的。在北平解放以前，他们抓了一批地下党员，抓了一批进步同学。第一批抓进去了，第二批抓进去了，临抓第三批的时候，北平快解放了，这些特务学生来不及干这个事儿了，他们顾自己了，赶紧去买票，赶快跑，跑到台湾。我那时候年纪也轻，天不怕地不怕，后来我才知道，第三批名单还有我呢。因为我当时年纪轻，要是比较明显的共产党员，他们早就放在第一批、第二批都报上去了。

1949年，解放军来了，大家都很高兴，到街上去扭秧歌。消停了一阵以后，北京市委员会公开了，原来也是地下的，卫生部长崔月犁，他是北平地下党的头头。当时刘仁是第一把手，也是地下党的。所以后来北平一解放，地下党公开了，把名单贴出来了，有人说哎哟顾方舟是地下党啊，我们都不知道，我想让你们知道那还得了，这不坏了。大学头几年就这样度过的，可以说受到了革命的洗礼，觉悟是一点一点提高的。那时候了解了国民党、共产党、巴黎公社，还有人生观、世界观，也都是那时候知道的。没有人给我们上课，就是同学们之间互相学习讨论，所以就我来说树立了正确的人生观和世界观就是在那个时候。

5. 活报剧、短剧、街头剧

当时我们经常参加各种活动。刚才我说的什坊院是一个，还有反饥饿、反内战，反对美国扶持国民党政府的游行。

反饥饿、反内战的游行是地下党组织的。他们也很谨慎，看一些同学思想比较进步，可能不会有什么问题，年轻的这些学生，鼓动起来很容易，打了那么多年仗还打仗，大家都很反对，这一鼓动就起来了。当时游行就在大街上。

从北医出来，出来以后顺着府右街走，府右街走完了就到了新华门，就这一路上走。当时游行队伍声势很大，不止大学生，还有中学生，国民党想抓抓不了，那么多学生怎么抓，只好劝。

有一次，有东北的学生往关内跑。学生也是闹学潮，国民党抓，学生就跑，就从关外跑到关内来了。跑

1947年，游行结束后，长庚社剧团成员合影（后排左2为顾方舟）

1947年，在北京大学医学院演话剧（右4：顾方舟）

1947年，长庚社剧团部分成员合影（后排右1：顾方舟）

到关内，我们就有活干了，我们就接收进入关内的东北的同学，给他们做宣传。我们也不提什么共产党，就是分析当时的形势。我们那时候有学生会，就准备一些吃的、喝的，去慰问这些东北的同学，他们挺激动的，关内的同学那么热情。

我们还到现在的红楼，就是老北京大学，演活报剧《国大与行宪》。这剧只有几分钟长，那时候国民党要召开国民大会，颁布宪法，我们几个就编了这么一个剧。这是讽刺剧，讽刺国民党假行宪，召开伪国大，我们就用这剧揭露国民党的本质。我还参与演出了，我扮的蒋介石。因为我是宁波人，蒋介石也是宁波人，我说话有宁波口音。那时候年轻，在北大红楼演活报剧①，演短剧②、街头剧③，这些我们都参加了，我们还自己写剧本。有一个剧情演的是抗战胜利了，胜利了以后国民党兵回到家里，可是家里还是抓丁的抓丁，征粮的征粮，苦得要命，是这么一个简单的剧情。我的角色是扮演国民党的士兵，我一个同学是乡长，还有一个女同学扮的老百姓家的女孩子，是这么几个角色。

我们有一个社团，长庚社，长庚④是一个星星的名字。就是我们几个同学在一块组织的，大概有五六个人吧。那时候也没有正式去登记，我们自己就成立了，打牌子我们叫长庚社，我们到街头去演出。那时候随意得很，想起年轻的时候，胆子也大。

我们有人专门写剧本，我的角色主要是表演。当时应该是大三的时候。

---

① 活报剧，以应时性、时事性为特征的戏剧类型。这类剧目能及时反映时事以达到宣传的目的，就像"活的报纸"。中国从20世纪20年代开始出现活报剧演出，在战争时期更为流行。演出时，常常把人物漫画化，并插有宣传性的议论。
② 短剧写作包含在电视、戏剧舞台使用的精短栏目剧本、小型戏剧脚本的创作，属于戏剧文学形式的一种。这里指精短的戏剧形式。
③ 街头剧也称广场剧，不受舞台和剧场条件限制，适合于街头广场演出。街头剧具有很强的政治性、鼓动性、时效性、通俗性。特点是演出方式灵活，剧本短小精悍，能够及时反映生活中的重大事件，进行宣传鼓动工作。
④ 长庚，黄昏时出现在西方天空的金星的名称，亦称"太白"。

我们在北大红楼也演过，在我们医学院也演过，还有在学校的宿舍里面，因为住在宿舍的同学多了。

那时候北京刚刚解放，延安来的那些干部、医生都在北京医院，我也在北京医院，不过没待多长时间就分配走了。当时有个歌咏队我算组织者，医院的一些年轻的大夫和护士，我把他们都动员出来了。我说咱们唱歌吧，那时候都兴唱歌，像《解放区的天是明朗的天》这些。我主动当指挥，教给大家怎么唱，差不多了我们就可以登台表演，热闹热闹。

我们的社会活动还有一些是在农村里头，也有的同学是到厂矿，因为公共卫生到厂矿考察这也是实习。幸亏我们那时候接触了一部分农村，知道了一些农村的情况，在读毛主席著作《湖南农民运动考察报告》时还能够理解一些。你不接触农民，不接触他们的现状，你是看不懂的。但是因为我们还在上学，还要听课、考试，不能够每天都干这个，凡是到了要考试的时候，我们都不活动了，都应付考试。所以大学对我来说，不仅仅是医学的教育，同时也有社会的教育。

1949 年，在北京医院小儿科实习

1949 年，在北京医院小儿科实习（左 3：顾方舟）

6. 结识我的老伴

　　就在这个时候，我认识了我老伴。我老伴叫李以莞，她是北京大学医学院高级护士职业学校的，一学就是四年。那时候其他学护士的，用不了学四年，所以高级护校一毕业就是有文凭的。我们怎么认识的呢？就是在学生自治会里头。自治会里头有好多分工，有管食堂的，有管宣教、宣传的，我是负责宣传工作，她也是活跃分子。因为有共同的世界观、人生观，有共同语言，都是为了革命。毛主席的著作也好，进步人士写的文章也好，我们都学习，但这些都是同学们底下那么传过来传过去的，书店没有卖的。

　　她没参加什坊院的活动，平时我们自己干自己的，都有各自的任务，有学习的任务，有地下党给的任务。我们见面的时候就是谈革命工作，主要是借着谈革命工作谈恋爱。

　　毕业的时候分配，分配我到大连。她病了，是肺结核的问题，在一个学生疗养院疗养。所谓疗养院，就是一些学生捐款建的一个地方，让生病的学生在那休息。那时候我们已经谈革命了，就是谈恋爱了。我临去大连以前，就到她那个疗养院去，跟她确定了关系。

　　我先去的大连，后来她去的。大连那时候非常缺少人才，护理界也是一样，她去了以后到中国人民志愿军后勤部旅大医院管理局第五医院，去了就当护士长，干得挺不错的。后方医院负责接收前线下来的伤员，伤员是一级一级地处理，一线的时候就简单处理了，然后转到沈阳，再从沈阳到大连。

结婚照，摄于1951年8月9日。

1951年，结婚当天和母亲合影留念

1951年8月初（8日），我们结婚了。结婚照后面的话是我写的，"我们要在祖国的伟大建设工作中来培养我们的爱情"。

那个时候是革命的时代，干什么都是革命革命。大家热情很高，青年人的革命理想、革命抱负非常强烈。年轻人向往延安，牺牲自己的生命都在所不惜，目的就是为了中国解放，中国这一百多年来受到列强的欺负凌辱真是太深太深了。

那个时候革命至上，谈不到什么新婚燕尔这样那样的浪漫，没有这些。我们两个认识那么长时间，关系已经明确了，后来我找到她，我说我要出国了，去苏联留学，咱们就把事办了得了。脑子里没有浪漫的婚姻，不像现在，那时候心气和现在不一样。

包括后来我到了苏联，我就写信告诉她我在这儿的学习情况，学习怎么怎么样，一切都很好，没有卿卿我我那一套。那时候没有电话，都是靠通信。

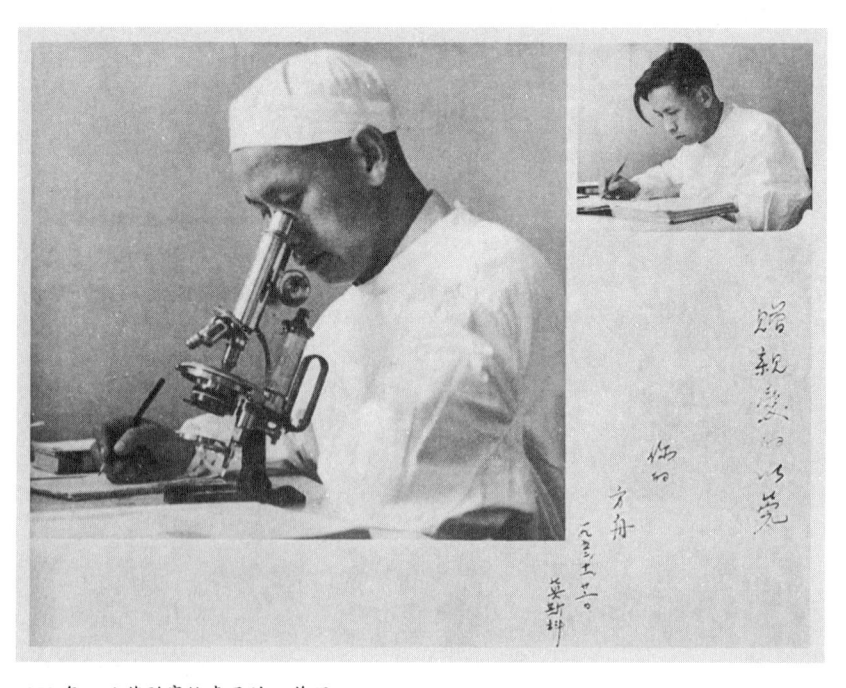

1952年，从苏联寄给妻子的工作照

三
留苏四年

1. 大连卫生研究所

约1951年，在大连卫生研究所

1950年我正好毕业，毕业面临分配，当时大学毕业生和现在不一样，都是分配的，后来就给我分配到大连。我去的时间不是很长，但感觉大连受苏联的影响还是很深的，我记得当时苏联的军队还没有从旅顺撤退。我分配到了大连卫生研究所[1]，这个所有一位副所长叫魏曦[2]，是挺有名的一位教授，另外还有两位教授是从丹麦回国的，有一位姓陈，我忘记名字了，都是相当不错的。他们都是由于爱国奔向光明，奔向祖国，来到了大连。

---

[1] 大连卫生研究所的前身是"满铁"卫生研究所，成立于1925年。1931年，"九一八"事变后，日本帝国主义侵华战争日益扩大，"满铁"卫生研究所的事业也急速发展。大连卫生研究所这个名字沿用至1951年，后更名为大连生物制品研究所。1957年5月，除从事血清生产和研究的部分人员迁往兰州生物制品研究所，大连所的主体迁往成都，奉命组建了新的成都生物制品研究所。

[2] 魏曦（1903—1989），湖南岳阳人，医学微生物学家。他对我国生物制品事业的创建与发展做出了重要贡献。他主要集中于立克次体病及钩端螺旋体病的病原学和流行病学的研究。他还是我国微生态学的奠基人，提出了菌群调整疗法治疗菌群失调症并获得良好效果。1949年，任大连医学院微生物学教研室主任兼大连生物制品研究所副所长。

所里同事也有几位是过去的老职工，也挺有学问的。当时这个研究所主要是研究预防传染病的各种疫苗。

我去了以后，给我安排在哪呢？安排在噬菌体科。当时有一位苏联的女专家叫葛罗别兹，她在莫斯科的时候，是主持噬菌体研究的。噬菌体你们可能听说过，它是吃细菌的一种病毒。噬菌体有好多好多种，每一种细菌，像痢疾菌，都有自己的噬菌体，当时主要是用噬菌体来研究细菌和细菌的分类。这位苏联专家来了以后，她主要是研究痢疾的噬菌体，把这个痢疾噬菌体在瓶子里培养，培养生长以后就可以把痢疾菌分解了，它把痢疾菌给破坏了，痢疾菌就不存在了。

那时候我就想跟这位苏联专家学习，可是她不会说咱们中国话，我觉得这个太别扭了，我得学俄语，从那时候开始我学了一点俄文。当时所里头有懂英文的，有懂日文的，可是没有懂俄文的。这位苏联专家带来一本书，是关于生物制品的生产和制造的，我就想试着把它翻译出来。因为我懂得一点英文，书是俄文的，我就买了一本《俄英大词典》，试着翻译。那时候我刚毕业不久，知识很浅，我一边翻译一边跟老师请教。这位苏联老太太她看着我，说你这是干什么，我说我在翻译您带来的那本书。她问你会俄文？我说我不会俄文。她说那你怎么翻译？我说我有俄英词典，英文我知道一点点，她就笑了。

后来是在1951年的夏天，所里派我到丹东。丹东是中国和朝鲜交界的地方，过去就是鸭绿江，过了鸭绿江就是朝鲜了。那边部队里痢疾流行，志愿军从前线回来以后，在那里进行休整，另外还治病什么的。当时派我去干嘛呢，给我一个任务，说你带着几箱噬菌体的制剂过去试用一下。痢疾就是拉肚子，当时没有什么很好的办法治疗，也没有什么药，所以让我带着制剂去试试。我带着这么一个任务到了丹东，住到部队里头，有时候部队还让我给战士们讲课，讲什么是痢疾，什么是噬菌体，不过我讲了半天这些战士也不是很懂。

我刚去丹东没几天，所里来电报了，说是要我回大连，而且时间紧急，让我速速回去。我想我刚来了不久，在这好好的，怎么又把我调回去，是不是我犯什么错误了，一般情况下不会发生这种事的。我就忐忑不安赶快找回去的车。因为那正是打仗的时候，也没有定点发的火车。部队里就给我出主意，你就跟车站那边说，哪有去大连的车，不论什么车你都上去就是了。后来我就跳上了一列开往大连的火车，火车前面是装货的，后面有一节是列车员的车厢，就给我安置在那，这么着我连夜就回了大连。

回大连一下车我先回了趟家，我说，什么事，我刚到丹东，怎么又把我调回来了，家里也不知道怎么回事。我就赶紧往所里赶，一到所里就有人跟我说，小顾，要派你到苏联去了。那时候到苏联学习是大家梦寐以求的，都想到苏联去。我说到苏联去，是真的吗？后来了解到中国教育部决定派375名科学技术人员到苏联去，全国各地各行各业的人都有，数学的、天文的、地理的、生物的等等，医学方面派了30名，这里头就有我，还有我所在的大连研究所的所长[1]也是一位。

---

[1] 所长廖由洁，又名廖鉴亭，四川人，后在运动中含冤去世。

2. 周总理设饯行宴

　　我们去以前不知道去苏联干嘛，就知道去学习，学习总是好事儿。我们是从大连车站上的火车，先要到北京集中。我们这些人在燕京大学集中的时候，就有人给我们讲形势、讲政策、讲任务。而且为这个事情，我们临出国以前，周总理要请这些留学生在北京饭店吃饭。一听说周总理要接见我们，大家都兴奋得不得了。去苏联的这群留学生年纪大多都很轻，都是青壮年，其中有一部分老同志、老红军。我们这30位医学方面的留学生里头，有三位是部级干部，其中有一位是钱信忠，他是西南军区卫生部的部长。他40多岁了，但学习劲头很大，积极要求学习。

　　北京饭店我以前没去过，大宴会厅挺大的，灯火辉煌。在饭店吃饭的时候，我就鼓动跟我坐一桌的两个人，我说咱们去跟周总理碰个杯吧，那时候年轻胆儿也大。我们几个就拿着酒杯走到前头，找到了周总理，总理说你们是哪的，我说我们是医学方面的，他说你们医学方面现在怎么样啊，当时因为太激动，我都忘了总理问了什么，我当时都说了什么，反正稀里糊涂跟总理碰完杯，就把这杯酒喝了。回到桌上大家问怎么样怎么样？我说不怎么样，喝完酒我就回来了。这说明当时我们很兴奋，感觉到自己肩膀上责任的重大，再一个就是绝不给我们中国的学生丢脸，就抱着这种态度。周总理在北京饭店宴请这375名留学生，给大家鼓劲鼓得足足的。

　　我们每一个留学生出去，国家都给我们装备了呢子大衣、中山装、西装，里三层外三层都给我们备齐了。当时咱们国家多困难啊，国家为了要经济建设派出国留学生下的本钱，我们一个留学生所花的钱，等于60名农民一年的收入。当然这个我算不清楚了，反正装备花的钱，国家是下了很大很大的力气。大家听了以后心里头觉得又兴奋，可是又难过，因为花的都是老百姓的钱。后来周总理讲话也给大家鼓励很大。大家憋足了劲，出国以后要好好学习，不辜负党和人民对自己的这种恩情、这种鼓励、这种希望。

后来我们就出发了。我们去苏联的火车走了有六七天，从满洲里坐火车，沿着西伯利亚大铁路就这么走到莫斯科。

火车一站一站地那么走，路上经过哪呢，经过贝加尔湖，沿着贝加尔湖走，一路就看她的风光。这贝加尔湖真漂亮，苏武就是在贝加尔湖那儿牧的羊。那时候汉朝疆界扩得很大，北边一直到贝加尔湖，都是咱们中国的地方。[①]贝加尔湖是世界上最深的湖泊，就像美国和加拿大交界地方的尼亚加拉瀑布一样，那也是淡水。我们一路走一路看苏联的风光。现在回想起来，当时的苏联，可以说经济非常的凋敝。因为刚打完仗，苏联打法西斯死了5000多万人[②]，男的差不多都死光了。那时候德国法西斯的军备武装，都比苏联要强，可就这样苏联还愣是把德国法西斯给打垮了。苏联的牺牲实在是太大了，就像我们的抗日战争一样。

---

① 在西汉时期，贝加尔湖是在匈奴的控制范围之内，名曰"北海"。
② 数据一直存在争议，有说法是苏联二战共有2600万至2700万人死亡，其中正规军队死亡人数有890万人（一说1400万人），民兵人数超过这个数据，其他为平民。

3. 勇闯语言关

　　后来我们就一路火车，到了莫斯科。到了莫斯科以后，苏联这方面就接待我们。可是他们得要知道我们这些人去那儿学什么。我们在燕京大学集中的时候就定下来了学习方向，你学什么，我学什么，他学什么。我自己就报了，我说我学病毒学，因为噬菌体就是病毒，我有这么一点基础。可是我们到了莫斯科才知道，我们是做研究生不是去上大学。我们都是毕业了的，可是研究生当时在我们脑袋里没有什么概念，什么叫研究生都不懂。研究生得要有专业，不能像念大学似的什么都一起学。就这么着，到了莫斯科给我分配到苏联医学科学院病毒研究所。

　　开始是分到了莫斯科第一医学院，它是以斯大林的名字命名的。后来我了解了一下，莫斯科第一医学院当时没有专门的病毒学这么一个学科，它是叫细菌科或者叫微生物科，有一门课是微生物学。我了解了之后觉得他们那不适合我学病毒学。后来我打听到有一个专门的病毒研究所，我就申请到那去了。在苏联医学科学院病毒研究所，我一直待了四年，到那儿之后给我分配到脑炎研究室。当时苏联远东地区，也靠近日本，流行乙型脑炎又叫日本脑炎，是在日本首先发现的，它是通过蚊子传播的一种病毒传染病。

　　我们开始去的时候，真是两眼一抹黑，听也听不懂，看也看不懂。看我还勉强能看一点，很多人根本就又是聋子又是瞎子。第一年我们干嘛呢？学俄文，还有马列主义哲学，大概就这两门课。所以我们去的几个人凑了一个学习小组，专门有一个俄文老师教我们俄文。这一年回想起来，我也不知道怎么过来的，不过说起来也有很好笑的地儿。

和我们一块儿去的有一位老乡，他的英文底子不太好，学俄文包括学其他外国语，最重要的是你要经常跟外国人打交道，不能怕说话，不然就成哑巴俄文了。这个老乡跟我们住在一屋，因为老师得要考试的，他就一天到晚地憋在屋子里头背单词。俄文单词，土豆（картофель），他就哇啦哇啦地念这一个字，门外的一些苏联学生都莫名其妙，这屋怎么老在念土豆。其实中国留学生在那背单词，闹了好多笑话。还有出去买东西，这面包总得天天买，可是俄文数字很难记，更不用说是几块几毛了，记不住，这可苦了我这同学了。他到付钱那个地方，一边排队一边念，念念念到跟前了忘了，他又回来重新排队，把我们笑的，我说你写在纸上不就行了嘛，所以闹出了好多这种好笑的事。

这说明什么？说明我们刚刚到苏联去学习，确实碰到了很多困难。不要说是语言上的问题，就是吃饭也是困难。没有中国饭吃，都是面包什么的。没办法，就那么忍过来了。有的人顺利点，比如我好在有一点英文底子，学习俄文还有点方便的地方，有的同学就苦了，得克服好多困难。所以有的人说你们到苏联学习了，多美啊，其实这个苦劲儿，没有去的人不知道。

后来过了一年，总算是把俄语考过了，哲学也考过了。所以我们到了莫斯科这四年，头一年是最苦的。你要习惯它的饮食，习惯它当地的风土人情，你还得跟苏联的同学，里头有俄罗斯的，也有吉尔吉斯斯坦、哈萨克斯坦的，这些加盟共和国的学生都在那儿，还有朝鲜的，跟他们都一起相处。所以你适应的能力很重要，社交的能力也很重要。

后来我们快到一年了，我们想终于可以回国探亲了，可是突然大使馆来指示了，张闻天大使说你们第一批留学生这四年甭回国了。为什么？让你们多接触接触苏联老百姓。你们放假的时候，到集体农庄去，或者到休养所去，接触接触当地的老百姓。这下子可把我们弄苦了，好多同学都抱怨，说好了的嘛，一年回去一次，可是大家也不敢说什么，所以我第一年

1951年，俄语学习小组合影（左起：顾方舟、沈渔村、俄语老师、王锦江、邹贤华）

1952年，在莫斯科

就是在休养所度过的。

现在想起来张闻天大使说得也对，你要学习苏联，你不接触老百姓光学点书本知识哪行，你必须跟当地老百姓多接触多了解。后来我们四年都没回家，国内的工资原来是说好发的，后来工资也不发了。国家送我们出国是给了我们生活费了，可是我们国内家里怎么办？那不管了，都停发了。现在想想那时候国家也困难，国家已经花了那么多钱给我们每个人装备，停发工资你就自己想办法吧。所以我们这次留学，从国家，从我们中国共产党来说，那是下了大大的决心。我们是第一批派出国的，后来陆陆续续每年都派留学生过来。

苏联有规定，凡是国家的工作人员，都有休假。休假可以发休假的证，去了休养所以后免费，你愿意到哪都行。所以休养所不完全是老同志，什么人都有。留学第一年接触俄罗斯，接触了当地老百姓，等于是接触了一部分社会。那时候中苏关系还不错，我们跟休养所的人们在一块儿，跟他们聊天，他们听说我是从中国来的，问这问那，我那时候尽自己所能，能够说多少就说多少，所以那时候对自己的训练、锻炼，还是很不错的。

我们去莫斯科的第一年，1951年正好是我们中华人民共和国成立两周年，在莫斯科大学礼堂举行晚会，纪念中华人民共和国成立两周年。是莫斯科大学的学生组织的，都安排好了节目。他们突然就出了一招，当时叫做节目主持人，说主持人得要有一个中国学生，我这毛头小伙也不知道深浅，当时有人说让我主持我就主持了，我想没事，就照着单子念就行了。第一个节目是唱歌，寻找当时苏联功勋的一些歌唱家、音乐家去表演。晚会结束的时候，他们说主持得挺成功，大伙说这是中国留学生，能够主持一台晚会的节目很不容易。底下我的俄文老师乐的，特别高兴，说这是我的学生。现在想起来当时真是挺好笑的，我这个社交能力总的来说还行。

我学俄语最开始是在大连，当时大连卫生研究所专门请了一个俄文老师。那会儿俄语热，大伙都想学俄文。我当时旁听老师上课了，旁听了就算是学俄语了。后来到了莫斯科，研究生四年，外国留学生第一年的第一个任务就是学俄语，不然没法工作。

老师平时都是用俄语教，我们就硬着头皮学过来了。年轻的学得容易，学得不错，年纪大的就苦了，但也得学，也得通过考试。俄语到最后的考试，一般也不会给你打不及格，都那么过来了。所以头一年我们重点是学俄文，你不掌握这个语言的工具，你学什么其他的呢？第二年我的俄语学得还算可以了，中华人民共和国成立第三周年也开了一个庆祝会，当时有人说，还让去年那个姓顾的主持吧。有人来告诉我，我说我可不去了，太耽误时间，我没答应就没去。语言是个工具，你学习也用它，和当地老百姓交流也用它，查文献也得用它。所以一定要掌握一到两门外语，才能够比较顺利地完成各项任务。

4. 副博士学位

  乙型脑炎正好是病毒传染病的一种，它就是病毒传染的。病毒通过蚊子叮的人传播，然后人得脑炎。后来我研究的脊髓灰质炎[①]也是病毒传染的，所以病毒病非常广泛。直到现在你看最麻烦的是流行性感冒，流行性感冒这个病毒到现在没有办法，虽然有疫苗，可是它总变。所以搞病毒学的时候，我宁可去研究脑炎、脊髓灰质炎、麻疹等等，我不去碰流行性感冒。现在研究得还是不透彻，最近不是又流行了 H10N8 嘛，又是变异的新种，因为它的抗原成分变来变去。它跟鸟类还有关系，禽流感就是病毒先感染了鸟，鸟带着这个病毒，鸟大量死亡，又把这个病毒传染给人。

  我导师就一位。要说是两位，一位就是在大连卫生研究所的苏联老太太葛罗别兹，她是研究噬菌体的，这是国内的。我去苏联以后，导师是病毒研究所脑炎研究室的教授丘马可夫，他是研究脑炎的。脑炎又分很多种，有乙型脑炎，就是日本脑炎，是蚊子传播的；有森林脑炎，是森林里边一种叫蜱虱的虫子传播的；还有其他各种各样的病毒性脑炎，不只是一两种的。我在苏联的时候，研究的题目是乙型脑炎，做了两年多不到三年的时间。开始是实验部分，你得要收集数据，后来就是写作部分。前后学俄文、

[①] 脊髓灰质炎（poliomyelitis 简称 polio）又名小儿麻痹症，是由脊髓灰质炎病毒引起的一种急性传染病。临床表现主要有发热、咽痛和肢体疼痛，部分病人可发生弛缓性麻痹。流行时以隐匿感染和无瘫痪病例居多，儿童发病较成人为高。

1962年第八届国际肿瘤会议期间，苏联知名病毒学家 M.丘马可夫会见钱信忠部长，交谈有关脊髓灰质炎预防问题（左2：顾方舟，左3：丘马可夫，左5：钱信忠）

做实验、写论文、答辩，一共四年时间。

我的毕业论文《乙型脑炎的免疫机理和发病机理》，里面的数据都来自自己的实验。我们主要是在实验室，用的实验动物就是小白鼠。我用的小白鼠太多了，得有几千只。

我前面说过，出国以前不知道干什么去，就知道是学习，后来知道是做研究生，可研究生干嘛也不知道。这是后来慢慢才知道的，还要看论文，写论文的综述。我每个礼拜都得到俄罗斯中央医学图书馆去查文献，那时候没有计算机，就靠手抄手写。图书馆人总是很多，有时候我去了没有地方坐，只能站着在那查资料。我看了能找到的所有关于乙型脑炎的，苏联和其他国家已经发表的论文，要不然怎么写论文综述那一部分。这四年做研究生，实际上是训练和培养我们如何做科学研究。你选一个题目，通过这个题目来训练你怎么样去看文献、收集文献，把文献里面主要的点摘录下来，在你脑子里形成一个印象。比如这个乙型脑炎或者叫日本脑炎，过去的人做了一些什么工作，解决了一些什么问题，还有什么问题没有解决，你必须对这个问题有深入的了解。你还得要提出问题来，你想解决什么问题，然后自己设计实验，一步一步来证明你的想法，最后做出结论，是这么一个程序。

所以经过这几年的科学训练，才懂得了什么叫做科学研究。科学研究不是脑瓜一拍就出来的，你必须要在前人的基础上慢慢前进。不能你自己一想，像牛顿发现苹果"啪"的一声掉到地上，地心引力就来了，哪有那么简单，那是不可能的事儿。

论文答辩完给的是副博士的学位，这是苏联的一种体制。实际上这个副博士相当于欧美的哲学博士（doctor philosophy），也不是病毒学博士，就统称哲学。因为哲学是科学最高的综合的一个科目，欧美的学位叫PHD，PH是philosophy，D是doctor，就是哲学博士。所以我们苏联这个副博士相当于PHD，但是咱们中国没有副博士这么一个学位。当然这个都无所谓了，学到本事是真的。

我研究的是乙型脑炎的发病机理，这个题目我自己选的有点太大了，因为这个问题不是一两项研究就能够说明的。所谓发病机理，就是乙型脑炎受到病毒的感染以后，它怎么能够使得脑细胞和脊髓的细胞发生病理变化，我是研究这个，这个问题在我临毕业答辩的时候，一部分人对我的结论不是太理解。我认为乙型脑炎发病的原因是病毒侵犯大脑，侵犯了脊髓，所以发病。但是有一个问题，它怎么到的大脑，因为病毒从血液到大脑当中有一个屏障——血脑屏障[①]，它阻碍各种各样的病原体进入神经系统，病毒怎么进去的呢？可见它有一个机理，我的论文里头也没有完全解决这个问题。我在研究脊髓灰质炎的时候同样遇到了这个问题，脊髓灰质炎是脊髓灰质炎病毒进到了脊髓，破坏了脊髓的前角运动细胞，使得孩子瘫痪或者使得大脑某部分受到损坏，那它是怎么进去的呢？有的人说是从血液里头进去的，有的人说是从神经怎样进去的，这么多年我不接触文献了，不知道现在进展的情况如何，是不是已经解决了。

---

① 血脑屏障，是指脑毛细血管壁与神经胶质细胞形成的血浆与脑细胞之间的屏障和由脉络丛形成的血浆和脑脊液之间的屏障，这些屏障能够阻止某些物质（多半是有害的）由血液进入脑组织。

5. 苏联印象

十月革命纪念日，还有其他过节的时候，当地会组织大家到街上去游行庆祝。那时候苏联的爱国主义教育还不错，我们留学生也跟着一块去，举着牌子，举着标语，到大街上去游行，去欢庆。

除了学习，我们跟自己的同学出去比较多，苏联的同学他们有自己的活动，我们很难跟他们凑在一块儿。因为不让我们回国了，大使馆就得给

1952年，中苏同学参加劳动节游行（左5：顾方舟）

20世纪50年代在苏联滑冰　　　　　　　20世纪50年代在苏联旅行

我们安排，我们到集体农庄，到休养所，到莫斯科或者到伏尔加河去等于旅游，反正就是接触当时苏联社会和老百姓，这个也获益匪浅。

当时我跟俄罗斯人也好，跟他们的少数民族接触也好，都是挺难忘的。因为我头一次接触这么多民族的人，而且都是苏联人。给我的印象特别深的是俄罗斯人，俄罗斯人很开朗、很开放、很热情，一旦他认为你是他朋友，一起喝酒特别豪放。他们平时懒得要命，但是他们到关键的时候，特别能吃苦，这是俄罗斯民族的风格，他们做起事情来没得说。俄罗斯当时科学技术特别是军事技术方面，并不比美国差。第一颗原子弹是俄罗斯先爆炸的①，美国就慌了，载人宇宙飞船也是他们第一个上去的，是宇

---

① 一般认为，世界上第一颗原子弹于1945年8月6日在日本广岛爆炸，由美国投放。此处或指苏联在1943年9月完成的第一个核装置爆炸成功，由于体积大、容量小，未达到实战要求。

航员加加林，美国更慌了。所以我感到俄罗斯这个民族确实是伟大，但是后来不知道怎么回事一下子垮了。

至于东欧这几个国家，东德的、捷克的、匈牙利的、保加利亚的，还有波罗的海的这几个国家，爱沙尼亚、立陶宛、拉脱维亚这些国家也都有同学，我接触他们的人不多。因为在莫斯科，我接触俄罗斯的人比较多，俄罗斯老百姓对中国还是有感情的。虽说后来赫鲁晓夫撤专家，中苏关系破裂，可是他们的老百姓对中国人还是很不错的。而且人民和人民之间的感情，一旦交了朋友很难改变。即使中苏关系不好了，我后来到莫斯科去考察脊髓灰质炎疫苗，我的老同学们，包括新的朋友，大家也都热情接待我。所以我觉得老百姓之间，人民之间友谊是非常珍贵的，你别看当局关系变化很大，一会儿变好了，一会儿变坏了，可是普通老百姓之间不受那个影响。

我有一个同学叫米隆诺娃（音译），比我高一班，因为她在苏联病毒研究所是管学生的，我是留学生，所以这么就认识了。一直到她去世以前，

1955年，顾方舟（中排左1）毕业前与苏联医科院病毒研究所脑炎研究室同事合影留念

我们一直保持着书信的来往，有一年我还邀请他们全家到中国来旅游，从北京到昆明转了一大圈。后来她女儿写信来，她说你们的友谊让我非常感动，我母亲和你们中国留学生，保持友谊这么长时间，我希望以后继续母亲的传统，和你们保持来往。她每年都会寄来贺年卡。

其实，二战的时候，我们中国跟美国老百姓友谊也很深，特别是我们上一辈，到美国留学的学生多了，回来的也很多，将近30万中国留学生在美国呢。

所以在苏联这四年的留学生活，以及后来我跟苏联的来来往往，这是一笔财富。现在感慨很多，国际风云变幻，中国和美国现在的关系也不是很好，但是我总觉得不管怎么变，中国和美国老百姓之间的友谊谁也破坏不了，我们和俄罗斯老百姓的友谊谁也破坏不了。这个可以从父辈一直传到子孙，子孙后代都能传下来。我那个俄罗斯同学的外孙女来信说，她在学中文，给我写中文字，俄罗斯好多人都去学习中文。我的信都留着呢。现在我因为岁数大了，很难再提笔写信寄信。但是我不忘了他们，他们也别忘了我就可以了。

2014年，俄国友人的外孙女寄来的贺卡

四

结缘脊髓灰质炎

1. 脊灰的爆发

    我是1955年回来的，我回来以后就到了卫生部直属的流行病学研究所①，在北京昌平那边。

    那些年乙型脑炎在咱们中国闹得挺凶的，每年咱们国家都有一些大大小小的流行，发病挺厉害的，也没有理想的疫苗。所以我从苏联留学回来以后，主要就是研究乙型脑炎的问题。

    1956年，我国第一次召开长期科学规划会议，当时请了好多苏联的专家来帮助我们制订十二年科学远景规划。因为我刚刚从苏联回来，所以让我也参加了这个规划。我一个任务是在语言方面帮助中国专家，帮他们和苏联专家沟通，第二方面因为我比较了解苏联医学科学方面的发展，所以也参加了这个规划的制订工作，规划的规模还是挺大的。

    当时决定成立两个科学院，一个是中国科学院，一个是中国医学科学院，还有许多重大的科学规划，都是在那个时候提出来的。总而言之，

---

① 1953年6月，中央人民政府政务院文化教育委员会批准成立了中央人民政府卫生部流行病学研究所。1957—1958年，长春鼠疫防治所、大连生物制品研究所立克次体室等先后调至流行病学研究所，并更名为中国医学科学院流行病学微生物学研究所。1971年，与中国医学科学院病毒研究所、放射所合并为中国医学科学院流行病防治研究所。1979年，经重新调整，划分为中国医学科学院流行病学微生物学研究所和中国医学科学院病毒研究所。1986年，更名为中国预防医学科学院流行病学微生物学研究所。

那时候成立了中国科学院,这是一桩大事儿,我们医学科学院也是在那时候成立的,后来我就调过来了。当时我们的科学技术,确实是比苏联落后很多。所以苏联来了好多专家,对我们帮助还是挺大的,当然我们也有我们自己的科学家,像搞导弹、卫星研究的钱学森,他是从美国学成回来的。

  跟脊灰结缘,说起来是组织上给我的一项使命。20世纪50年代,这个病在国内流行很厉害,一般来说每年的流行发病率是十万分之二三,流行年有个别的地方像南宁、上海,就到了十万分之三十几,不得了。孩子们没有得到很好的免疫,在非流行年积累了,这些易感儿童积累到一定的时候就爆发了。1955年江苏南通,那时候叫南通专区,发生了一次脊髓灰质炎的流行,发病人数挺多的,有将近2000个孩子,属于麻痹型的脊髓灰质炎。还有广西的一次大流行,在南宁市七八月那么热的天气,家家户户都把窗户关起来,不让孩子出去,都怕成这个样子。脊髓灰质炎是这样的一个病,它是病毒传染的,破坏脊髓神经,具体不同的症状就看破坏的是哪一段神经。

1956年,参加全国十二年科学规划医学组的科学家合影(前排右1:顾方舟)

病毒不能说是最小的微生物，实际上它是比细菌还要小的一个微生物。它主要的构成是核酸、蛋白，核酸是核心，外面包着一层蛋白，也有的病毒单纯就是核酸，没有蛋白。这个核酸有两种，一种叫核糖核酸（RNA），一种叫脱氧核糖核酸（DNA），所以是 RNA 和 DNA 两种。每种病毒或者它是 DNA 的，或者是 RNA 的，因为核酸的结构不同，它都有特定的感染对象。像小儿麻痹病毒，它的核酸就针对脊髓前角细胞，专门跟它有亲和力。所以它进入人体以后，就到了脊髓前角来破坏脊髓前角的运动细胞，负责运动的我们的上肢、下肢，都是由脊髓来管的。所以要想办法预防这个病的发生，就要针对这个脊髓灰质炎病毒的核酸，产生免疫力，这就是所谓特异性预防措施。

像注射疫苗，这是主动免疫的一种，就是特异性的预防，特异性指的是专门针对这一种病原，使身体获得对这一种病的抵抗感染力。同时还有非特异性的预防，那就是注意个人卫生，吃东西要干净，流行季节不要抱着孩子到人多的地方去等等，这些都是非特异性的预防。特异性的预防一般是疫苗，得要打针，比如麻疹现在还是有流行，但是有了预防麻疹的疫苗以后，发病率下降了很多。

脊灰的症状有轻有重，大部分是隐性感染[①]。隐性感染就是感染了以后，发发烧咳嗽咳嗽，就像得了感冒似的，过了几天烧退了，没事儿了。它本身不发病，是所谓顿挫感染[②]，就是不造成肢体瘫痪，以后就没事了。也有的孩子感染了，发烧了以后突然发现孩子走路不行了，胳膊不能动了，所以这个病麻烦就在这个地方，它大部分都是隐性感染。他感染了以后好了，就像得到免疫一样。但是病毒在肠道里面繁殖，繁殖以后排泄出来，

---

① 隐性感染，又称亚临床感染。是指病原体侵入人体后，仅引起机体产生特异性的免疫应答，不引起或只引起轻微的组织损伤，因而在临床上不显出任何症状、体征，甚至生化改变，只能通过免疫学检查才能发现。

② 顿挫感染，病毒进入宿主细胞，若细胞缺乏病毒增殖所需的酶、能量及必要的成分，则病毒不能合成本身成分，或虽合成部分或全部成分，但不能装配和释放出有感染性的病毒颗粒，这样的病毒感染称为顿挫感染。

出来以后还会传染别的孩子。

严重程度看病毒感染的是哪一段，病毒侵犯到哪一部分，哪一部分肢体就麻痹了，不能动了。好多孩子就因为腰椎脊髓破坏了，腿就不行了，就不能走路了；有的孩子颈椎破坏了，手就不能动了；更厉害的是侵犯延髓。咱们晚上睡觉的时候也得呼吸，谁来调节，就是延髓有个呼吸中枢，它支配着你的横膈膜，晚上睡觉的时候横膈膜上下自主地呼吸。所以病毒一旦侵犯延髓的呼吸中枢，横膈膜就麻痹了，就不能够上下动了，这叫呼吸麻痹。呼吸中枢神经破坏了，孩子就没有办法自主呼吸了。有什么办法呢？就放一个人工的被动的呼吸机器，是大的铁盒子放在身体里头，用机器想办法帮助呼吸。美国曾经有一次很大的流行，医院里面躺着戴呼吸器帮助呼吸的孩子，都排满了。所以这个病闹得很多孩子因此就残废了，而且没有什么好办法治。

有一天一个家长找到我，他的孩子得了这个病以后就瘫痪了。当时这个家长背着孩子过来找我说："顾大夫，你把我的孩子治好吧，他以后还得走路，参加国家建设呢。"我说："同志，抱歉，我们对这个病还没有治愈的办法。唯一的可行的方法是到医院去整形、矫正，恢复部分的功能，要让他完全恢复到正常不可能。"那个家长的眼神马上黯淡了下来，瘫坐在走廊的长椅上。后来打扫卫生的工作人员告诉我，那个家长直到很晚才走。病毒破坏的是支配腿的脊髓前角的运动细胞，这个细胞被破坏了，就恢复不了了。

如果轻的话可以治好，但是绝不会恢复到像以前一样，运动细胞破坏了，就恢复不了。所以美国也好，欧洲也好，都在想办法研究预防的疫苗。

应该是1957年，那个时候正好有一位苏联专家，应中国人民解放军军事医学科学院的邀请，到军事医学科学院来办班，教病毒学。这位苏联病毒学教授叫索柯洛夫（Cokolob），他是被苏联卫生部、保健部派到这里的。他点名指定我，说要顾方舟来帮我这个忙，因为我在莫斯科苏联医学科学院病毒研究所做过研究生，我们俩认识。他到中国以后，不会说中文，他找别人当翻译的话，专业上有点跟不上，翻译不懂专业，所以让我去。这样我就被借调到解放军军事医学科学院去工作，那时候解放军军事医学科学院还在上海，不在北京。

我说叫我去行，我得争取把我实验室的几个人一块带到上海，因为要开展工作得要有人做，解放军军事医学科学院可以给他和我配备助手。后来我就说，我实验室有几个人跟我一块都借调吧。

我在被调到解放军军事医学科学院以前，曾经做过脊灰病毒学流行病学的工作。那个时候我有这样一个研究工作的经历，所以这位苏联专家也更关心脊灰的问题。这样我就跟脊灰打上交道了。其实这些病毒的疾病，一般的规律都是相通的，不会说就知道乙型脑炎，不知道脊髓灰质炎和其他的病毒病。后来，我们小组在国内，第一次证明了上海的一次脊灰流行，确实是由脊灰病毒引起的，不仅仅是腿瘫痪不能走路了，这个临床症状非常符合脊灰，从病原上也证明了这是脊灰病毒。

南通不是有一次大爆发嘛，所以就需要有人研究脊灰的问题。但是做这个工作，必须得掌握技术，得有办法来培养这个病毒，有办法来鉴别这个病毒，不然怎么做呢？正好我在苏联的时候，掌握了组织培养①的技术，有了组织培养的技术，就可以在体外培养这个细胞，从而鉴别它，所以就由我的团队来做这件事情。研究上海或者是南通的这次流行，究竟是哪个型别，比如Ⅰ型、Ⅱ型、Ⅲ型哪个引起的。当时三个型都有，比例不一样，主要是Ⅰ型。

去上海之前我已经开始这项研究工作了，技术也基本掌握了，为什么索柯洛夫教授点着名要我到上海去帮助他工作，这是最重要的原因。

我临从北京到上海出发以前，当时卫生部的崔义田副部长，找我谈了一次话，谈话挺严肃的。当时咱们年轻，没见过大部长，我说，崔部长，您的意思是让我一辈子搞这个事儿？他说对，让你一辈子搞这个，要解决脊髓灰质炎的问题。我说好，领导既然交给我这个任务，我就努力干。所

---

① 组织培养技术是在无菌的条件下将活器官、组织或细胞置于培养基内，并放在适宜的环境中，进行连续培养而成的细胞、组织或个体。这项技术已广泛应用于农业和生物、医药的研究。

四　结缘脊髓灰质炎

以我是带着使命到的上海。当时我们中国科学研究的环境，很不怎么样，做研究工作很困难，什么条件都要自己去创造。

我举一个例子。我从苏联回国以后在流行病学微生物学研究所继续研究脑炎的工作，那时候我带回来一个新的技术——组织培养。组织培养就是把细胞在体外培养来研究病毒。可是体外做细胞培养需要一个成分，就是牛的血清。血清是从牛的血里面分离出来，然后加在培养液里培养细胞。国外都是商品化了，咱们

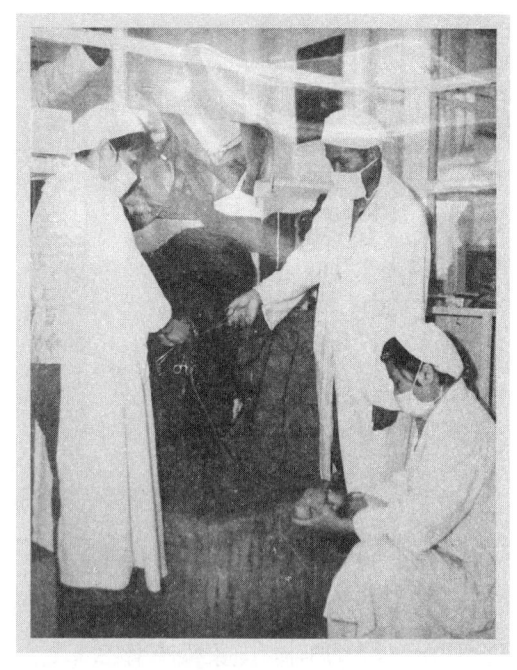

1965—1966年自制牛血清（图片由中国医学科学院医学生物学研究所提供）

中国没有这个商品。当时没有怎么办？那个时候研究所在昌平，离县城很远，我就带着实验室的人，我们骑着自行车带着采血的设备，到昌平县去跟他们说，我们要怎么怎么样。对方说那你们得到屠宰场去，人家不可能把牛牵来，让我们采血。而且这个牛的血清不是什么牛都可以用，只有小牛，甚至于胎牛的血可以用。所谓胎牛，就是还怀在妈妈肚子里头的小牛，采这个血。

我说我们等到小牛刚生下来的时候，采它的血就行了，咱们不能按照老外的方法，一定把孕牛杀了，把胎牛拿出来采血，那成本太高了，把大牛杀了，小牛也杀了，就取一点胎牛血。后来我们就这么办，跟屠宰场说好了，您什么时候有小牛要生产了，我们到那去采血。我们以前哪干过这事儿，可是没办法，做组织培养的工作，必须要这个。当时实验条件非常非常困难，但这样也过来了，我们那会儿年轻，也不怕这么干。

2. 赴苏考察死疫苗

1959年底，中国医学科学院派我重新到苏联去了解脊髓灰质炎死疫苗的情况。因为美国的索尔克①已经发明了脊灰的死疫苗，美国已经认可了，可以在市面上销售了，美洲、欧洲一些国家都开始使用这个疫苗来预防脊灰。当时西方跟咱们国家没有什么来往，而且还对我们进行禁运，咱们跟苏联还有一点点联系。所以卫生部医学科学院知道死疫苗发明了以后，就决定派我到苏联去考察脊髓灰质炎死疫苗的情况。那时候咱们跟苏联的关系也不好了，表面上看不出来，但中共中央和苏共中央有了一些争执。医学科学院领导跟我讲，你到苏联去，去了解了解他们到底怎么做这个疫苗的。因为江苏南通那次流行，将近两千例，那是临床上的诊断，没有繁殖到病毒，也没有做血清学的检查。真正想要去了解一个病，对这个病的流行病学、病毒学方面都得有研究。当时我也不清楚这个脊灰死疫苗，也不知道国外研究开发的情况，后来我就玩命地到图书馆查文献，一看的确是美国首先发明的。

我们是四个人一起去的，为什么要派我去呢？因为我研究了一段时间

---

① 乔纳斯·索尔克（Jonas Salk, 1914—1995），世界著名的免疫学家、病毒学家、脊髓灰质炎疫苗的研制者。1948年，他承担美国小儿麻痹基金会项目，开始研究脊髓灰质炎病毒，并致力于疫苗开发，于1955年发布疫苗研制成功的消息。后任圣地亚哥研究所所长，该研究所现以他的名字命名。

四　结缘脊髓灰质炎

的脊灰。我们政府跟苏联保健部提前联系过了，说顾方舟他们几个人要去你们那了解死疫苗的情况，苏联保健部答应了。所以我们到了莫斯科以后，苏联那边就把我们安排到了俄罗斯联邦疫苗与血清研究所，他们那在做这个死疫苗。那个时候我一边跟他们一块工作，一边了解到死疫苗的生产很不容易。死疫苗的生产先需要培养脊灰病毒，病毒培养出来以后，用福尔马林把它杀死，然后经过一系列的处理，出来的疫苗叫死疫苗，因为福尔马林已经把病毒的活力给消灭了。

过去为什么研究脊髓灰质炎难呢？头一个是脊髓灰质炎病毒，在人类的环境里没有特定的宿主，不像其他的病毒，有天然的宿主。所以自然界里，只有人类对这个脊髓灰质炎病毒敏感，其他的动物都不敏感，只能够感染，感染后就结束了。后来在一百多年以前，有科学家发现了灵长类里头的猩猩可以感染这个病毒。过去脊灰病毒没有办法繁殖，人们只能用猩猩、猴子等等这些灵长类动物来研究这个病毒。可是一头猩猩得多少钱！

在20世纪四五十年代，恩德斯[①]发明了组织培养的技术，后来得了诺贝尔奖，因为这项技术，一下子就打开了希望，也就是说这个病毒可以不再用猩猩或者是其他动物来研究了，它完全可以在体外、在细胞上进行培养。脊灰病毒的组织培养就是培养活的细胞，什么动物的活的细胞呢？猴子的，猴肾。把它绞碎，把细胞分离出来，然后在玻璃皿里面培养。因为猴肾细胞对脊灰病毒很敏感，病毒能够在猴肾细胞里面繁殖，繁殖了以后，大量的病毒就出来了。做死疫苗，必须要用大量的病毒，没有一定量的病毒，是做不了的，这样就促使索尔克发明了灭活病毒。所以恩德斯的贡献就在这个地方。

---

① 恩德斯（John Franklin Enders, 1897—1985），美国微生物学家。1949年，他获得了来自人类胚胎的组织（流产的），并成功地在该组织上培养出小儿麻痹症病毒。这种病毒也可在其他类型的组织碎片上培养出来。这种病毒一经培养成功，就很容易对它进行大量研究。这样就为探索小儿麻痹症疫苗开辟了道路。由于在培养病毒方面的成果，恩德斯、韦勒和罗宾斯分享了1954年的诺贝尔医学和生理学奖。

1959年，卫生部派小组去苏联（前排左2：蒋竞武，后排左1：顾方舟、左3：闻仲权、左4：董德祥）

我还了解到，要获得免疫，需要把死疫苗往人身体里注射，可是注射不止打一针，孩子要打三次才能获得足够的免疫力。甚至过了一个月，或者更长一点时间，还得加强一次，等于是四次，这样孩子才能够获得足够的免疫力。这得需要多少病毒！

当时培养猴子的肾脏细胞，要用一种培养液叫199培养液，里边的成分有几十种氨基酸，小胎牛的血清，还有其他的成分等等。这个一二十种成分在里头的我们叫培养基，或者是培养液，它得花费多少钱！

美国可以，它有钱，它投入研究脊髓灰质炎的钱是多少个亿。它为什么那么重视？因为这个病确实对孩子危害太大了。还有一个原因是美国的罗斯福总统，他就得的这个病，下肢瘫痪，他一直坐轮椅，所以他成立了一个基金会。国家也投入，社会也投入，结果就有大量的资金研究脊髓灰质炎。所以只要科学家能够想出办法来，有什么要求都可以提。美国不惜血本，所以研究得相当透。这个疫苗1952—1956年研究成功，简称Salk疫苗，Salk是病毒学家索尔克的名字，以他名字命名叫Salk疫苗，也叫脊灰灭活疫苗，派我去的使命就是了解灭活疫苗的。Salk疫苗已经通过美国食品药品监督管理局（FDA）的批准，它可以上市销售了。

3. 死活疫苗之争

　　我去了以后，除了了解研究所的实验室和生产车间的情况，还查阅大量的文献，你得知道死疫苗到底是怎么回事儿。脊髓灰质炎的研究历史已经一百多年了，一直到索尔克发明了灭活疫苗，从此脊髓灰质炎预防开辟了新的路子。我还碰到了我在苏联做研究生时候的同学，所以除了文献以外，通过同学我也了解到一些情况：美国开发出来死疫苗，已经上市了，并且也用到免疫上去了。除此以外，在20世纪50年代的时候，有一批科学家一共三个研究小组在研究减毒活疫苗。一拨是赛宾[1]领导的，一拨是柯普洛斯基[2]领导的，还有柯克斯[3]领导的。他们都申请到了基金来研究这个疫苗，三组研究的方法是不同的。其中赛宾研究的这个活疫苗还拿与人类血缘关系最近的黑猩猩进行研究，得出的"脊灰"病毒毒力最低，给大家看到希望比较大。我还了解到苏联和美国有一个技术协定，双方

---

[1] 艾伯特·布鲁斯·赛宾（Albert Bruce Sabin, 1906—1993），美国医学研究者。出生于俄国，1922年随父母移居美国。在脊灰病毒减毒方面取得重大成果，获国家科学奖章和总统自由勋章。
[2] 希拉里·柯普洛斯基（Hilary Koprowski, 1916—2013），波兰和美国病毒学家和免疫学家，进行了脊灰病毒减毒方面的研究工作，并取得重要成果。
[3] 柯克斯（Herald R. Cox, 1907—1986），美国细菌学家。1942年，他加入莱德勒实验室担任主任进行病毒研究。他在1961年宣布制成口服脊髓灰质炎疫苗。

共同来研究脊灰活疫苗，也叫减毒活疫苗。原来除了死疫苗以外，还有活疫苗。

我们去的那年正好在莫斯科召开一次国际性的脊灰疫苗的学术会议，作为参加者我也去了。那是真正的学术会议，我受益匪浅。美国的病毒学家、苏联的病毒学家，辩论起来都不留情面，有意见在会上就驳斥，两派争论得非常激烈。有一派主张用死疫苗，因为安全；认为活疫苗不能用，现在刚刚发明了，对人到底有没有害处，检验的时间还不够。有的人强调说，这个活疫苗所以不能够在我们美国使用，是因为它的毒力可能返祖，给孩子吃了以后，他得排泄出来，排出来就会传播，会不会传染给周围的孩子呢？传播过程当中疫苗病毒会不会毒力恢复，是争论最尖锐的一个问题。要是一代一代传了两代三代，毒力恢复了岂不是又要发生传染。许多免疫学者就拿出证据来了，有实验室的证据，的确是有这个可能。赛宾当时也在场，可是他没吭声。大家都非常害怕，如果毒力恢复了，太危险了，那对孩子不得了，不能用。另外一派说，活疫苗使用没问题，而且肠道都可以免疫，免疫得非常彻底。两派都提出了自己的论据，而且在当时来说没有结论，说一定是死疫苗好或者一定是活疫苗好。我当时在会上没有发言，我一边听他们争辩，一边琢磨，这种可能的返祖现象到底是理论问题还是实践问题。

所谓的传播就是一个孩子传给另一个孩子，是口、粪传播。特别是在托儿所里头，孩子们在一块玩，玩具、衣服或者是肢体接触，很容易互相传染，所以大家非常担心毒力返祖的问题。毒力返祖就是在传播过程中，通过排泄物，一个孩子传染给另外的孩子，原来病毒的毒力到另外孩子的身上恢复到原来的状态。那不得了，疫苗吃了不安全，这是个大问题，在会议上大家所争论的问题就是这个，敢不敢用。主要是七、八、九这几个月容易传播，传播对象大多是学龄前七岁以下的孩子。

所以这次莫斯科的会议，主要是探讨这两种疫苗。欧洲也好，美国也好，开始都是用死疫苗，而且取得了相当好的效果。活疫苗大家都很难下决心，要不要来推广使用。所以我们在选择活疫苗、死疫苗当中，费了很大的思量。我在那有些同学，开完会我就个别地跟他们交流，我说你们怎么想这个事儿，你们是用什么？苏联开始也用死疫苗，它也是害怕毒力返祖，这大量用下去万一出点什么事儿，谁担得了责任。后来他们说顾方舟，这个事儿我们也在观察，也在考虑，你回去以后自己去研究去决定，我们不好给你出什么主意。我的导师丘马可夫，他是极力主张用活疫苗，他是我导师，我受他的影响比较大，而且我还参照了那次会议的论文等等，我确实是从多方面比较了两种疫苗。

4. 活疫苗与国情

　　后来我给卫生部写信，我说我在这了解到，除了灭活疫苗或者叫死疫苗，这里正在研究、讨论一种活的疫苗，叫减毒活疫苗。我认为根据我们中国的国情，我们要想预防——当时还没有提消灭的目标——脊髓灰质炎，降低脊髓灰质炎的发病率，咱们中国只能够采用减毒活疫苗这条技术路线。

　　技术路线就好像我们中国发展轨道交通，是用蒸汽火车头还是烧汽油，或者是用电，你采用哪种技术？现在看起来咱们中国下的决心还是对的，一定要用电作为动力来发展我们的轨道交通。中国高铁，是以每小时两百到三百公里的速度行进，现在中国已经有一万公里的高铁路线，干净环保，而且成本也不那么大，咱们中国能够经受得起走这条路线。疫苗也是同样道理，究竟用哪个技术路线，就是所谓消灭脊髓灰质炎的技术路线问题，要提到这个高度来讨论。疫苗走哪条技术路线，跟轨道交通一样，得综合国家的财力、人力和其他一些社会条件。

　　当时死疫苗打一针就几十块钱，而且不是打一针得打三针，过一段时间得补打第四针。我们中国有多少孩子，一年就有一千到两千万新生儿，光是这个经济账算下来，我们中国承担不起。咱们中国一没有那么大的经济力量；第二用死疫苗，你得组织生产，生产疫苗得多大规模，一年不光是新生儿要打这个疫苗，得这个病的年龄段是七岁以下的学龄前的孩子，还有学龄后的，那简直得上亿的孩子要打死疫苗；第三你得要培训一支防疫的队伍，给孩子打针不是那么简单。最近不是闹肝炎嘛，肝炎疫苗打了以后，有家长就上告，说打了针以后得病了，还涉及安全注射，这都是问题。

四 结缘脊髓灰质炎

说死疫苗成本高，高在什么地方？原材料以及人工这都是问题，咱们国家当时不可能有这个力量。除了成本高，打三到四针意味着什么？意味着必须有强有力的防疫力量，有这个队伍，还得培训，这是一个最大的困难。另外，死疫苗的缺点是它虽然能引起身体里面产生中和抗体[①]，中和抗体就是所谓的体液免疫，因为是在血液里出现的。但是有了中和抗体，不等于说肠道不被感染，肠道并没有获得免疫，它仍然还能通过肠道排泄。

当然死疫苗要打满三针到四针，是可以让注射的这个孩子获得比较强的免疫力。脊灰不像天花，牛痘病毒引起孩子的免疫力可以抵抗天花病毒，这是病毒学上的防御。牛痘病毒生产比较容易，牛被天花病毒感染，从它身上种牛痘病毒，然后收获牛痘病毒，再进行加工。牛痘病毒是活的，种过牛痘以后，人身上就起一个疤，疤一掉就得到了免疫力，所以全世界消灭了天花，就因为牛痘疫苗带来的方便，接种起来也比较简单。可即使是这样，咱们中国消灭天花接种牛痘也是费了很大力气的。而脊灰死疫苗得到的方式和注射的次数远远复杂于牛痘疫苗。活疫苗有它的好处，但不是所有的传染病都用活疫苗。比如说百日咳，或者是白喉、破伤风，就不一定非得要用活的疫苗。咱们的孩子一出生不久就要打百白破疫苗，百日咳、白喉和破伤风这种三联疫苗给孩子接种。但是脊灰的预防光用死疫苗在发展中国家不行，因为它人口太多，这么大量的人口要用死疫苗，国家得付出太大的成本。所以我就提出来活疫苗的种种好处。从免疫学角度讲，孩子吃了活疫苗以后，能很快建立起免疫力屏障。这里就有一个问题，叫免疫策略，就是怎么用这个疫苗，所以这不光是疫苗本身的问题了。

卫生部也不是凭我这一句话一封信，就把交给我的任务给变了。后来他们打电话给苏联保健部，那时候中苏还有些关系，他说脊髓灰质炎现在据说有两种预防办法，一个死疫苗，一个活疫苗，你们苏联保健部究竟是

[①] 中和抗体是当病原微生物侵入机体时会产生相应的抗体。病原微生物入侵细胞时需要依赖病原体自身表达的特定分子与细胞上的受体结合，才能感染细胞，并进一步扩增。中和抗体由 B 淋巴细胞产生，能够与病原微生物表面的抗原结合，从而阻止该病原微生物黏附靶细胞受体，防止侵入细胞。

怎么一个政策？当时苏联保健部也不好明确地给中国卫生部答复这个问题，因为国际上正在争论这个事情。他说你们不要问我们了，你们的顾方舟就在我们这里，你去问问他，他把这个事情推到我身上来了，我是后来回国才知道这个情况的。后来卫生部给我答复了，顾方舟，你这样，既定的任务不变，但是同时也要了解活疫苗的情况，等于给我的任务加码了。因为卫生部也不敢轻易决定，这个事儿太大了。好，这下我既要了解死疫苗，也得了解活疫苗。

我原来在莫斯科做研究生的实验室，他们也在研究活疫苗。当时活疫苗的发明人赛宾教授说，我发明的这个活疫苗不会有什么问题，可是美国的FDA不批准他上市。所谓上市就是说批准它作为商品在市面出售，美国一直压着不批准。为什么不批准，它也担心返祖的问题。赛宾也很急，他说我这个疫苗都经过实验检定过没问题的。那还是不行，你得要有材料、有证据说明你这个没问题。美国不批准他的疫苗，那怎么办？他就在会议上联络苏联的病毒学家，就联络到我的导师丘马可夫，我导师觉得活疫苗还是很有发展的前景。就苏联的情况来说，因为苏联的人口也很多，孩子也很多，那是很大的一笔开支，用死疫苗也是用不起。后来赛宾想了一个办法，把他这个活疫苗的产品写信给世界各地的脊灰实验室，你们要的话我免费赠送给你们样品，你们去研究究竟安全性怎么样。所以我导师丘马可夫就和赛宾签了一个合作协议，共同研究这个活疫苗。

可这都是保密的，不要说跟别的国家，跟我们中国，跟我他也不多谈，我只知道他们有这么一个活疫苗的合作协议。那时候中国跟苏联的关系已经发生变化了，照说我原来是那里的学生，跟他们都挺熟的，可是他们有的情况也不跟我透露。不透露我也可以拐弯抹角想办法知道究竟你们怎么样，起码我是知道他们在研究这个问题，而且我导师是支持这条技术路线的。后来我就想办法跟我的研究生同学说，我也想研究这个活疫苗，他就送了我他们苏联研究所生产的活疫苗，而且给了我一些赛宾原始的活疫苗，都是样品。样品拿到以后，我不能总在手里拿着，我得想办法送回国内，因为这个东西怕热，在室温下它就失效了。我就跟大使馆联系，当时卫生部部长钱信忠正在苏联访问，我说我得把这个样品带回国。钱部长是学医的，他一听这个情况，说好，我跟大使说一说，你马上回去一趟。当时，从北京到莫斯科来回要花钱买飞机票，而且我去还得回来，这情况太特殊了。后来大使特别批准，我就带着这个样品回到北京。

到了北京以后，卫生部召集病毒学界和生物制品界的同仁开了一个会，我就向他们报告了死疫苗、活疫苗的情况。我说脊髓灰质炎的消灭，主要在于建立一个强有力的免疫屏障，让病毒再也进不来。能不能快速地在适龄儿童中间建立起脊髓灰质炎免疫的屏障，这是最重要的问题。当时大家也没什么经验，能不能建立起这样一个屏障？怎么建立？大家担心毒力又回去，返祖，所以我在国内做报告的时候，也留下这么一个问题。同时我把带回的样品给了卫生部，卫生部把它放到生物制品研究所保存起来。

后来我又返回到苏联。我的这趟出差任务，还有一段故事。我快回国的时候，中苏关系越来越紧张。我们去参观考察的那个所，是俄罗斯联邦疫苗与血清研究所，那个所长叫 Solovee。有一天，他到实验室找到我，他说顾，我有个事情要跟你说一说，有些你们所了解的情况，你们看到的资料是保密的。我想这个研究所真怪了，事先怎么不告诉我。我就问他了，我说请问哪些是该保密，哪些是可以不保密的。我当时年轻，说话很直接，把他给问住了，他一下子答不出来。后来我说，我明白，我明白。

其实他没有必要跟我说这个事情，学术会议我也参加了，死疫苗的流程我也知道了，该看的我也都看了。这个事情说明什么？说明当时中苏关系已经不怎么样了。我要的那些样品，还是经过了我的导师丘马可夫同意，因为赛宾分发给了世界各地的实验室，给我们中国这个实验室没关系，不发生任何泄密的问题，因为他已经公开了。我的导师对我特好，他给我交了交底，他说他们是主张走活疫苗路线的。我说结合我们中国的情况，恐怕也得走活疫苗这条路线。所以世界上的科学技术，你想保密保不了，但说到底还得自力更生。你有内行的人去搞点情报、搞点信息可以，但主要是自己得有独立研究发展的能力，不靠自己的力量，单靠国外不可能。

卫生部最后研究决定，采取活疫苗的路线，因为用死疫苗，国家负担不起，而且生产和免疫程序也很复杂。采取活疫苗的路线是我们中国消灭脊髓灰质炎一个具有决定性意义的措施。

5. 北京试生产 500 万人份

我把毒种送回来以后，卫生部召集医学科学院，还有其他一些有关的单位开会，确定要尽快试生产。当时北京生物制品研究所、成都生物制品研究所等几家都抢着要做这个事，当时没什么知识产权的概念，就是给国家办事。后来就组织协作组，由我牵头当组长，北京生物制品研究所的章以浩是副组长。他们生产疫苗有些历史了，牛痘疫苗他们生产过，麻疹疫苗也生产过，他们有经验。另外还有成都生物制品研究所等一些单位的同志，一起组成了一个协作组，就这样实验性地生产。

当时可能是 1959 年八九月份的时候。因为我从苏联回来把活疫苗的种子带回来，好像是春夏之交，回来我就给国内病毒学界和生物制品学界的同仁做了一个汇报，说我们在苏联研究灭活疫苗的一些情况，同时我也谈了谈活疫苗、死疫苗这两种疫苗的好和不好，做了对比报告。完了我就把种子留给卫生部，回苏联了，我再回来是夏天。第一批试生产的量大约是 500 万份。

试生产结束了以后，得需要检定。一种生物制品生产出来了以后，要经过好多检定项目。有细菌的培养环节，得看里面有没有别的病毒，看单位病毒含量，疫苗病毒含量等。猴子脑内和脊髓内注射是一项毒力实验，还有好多其他的，将近 20 项，都有一定的标准，项项都得合格通过了才行。因为我们用的猴子是野生的，它带来好多问题。猴子本身带了好多病毒，一些病你得排除，不能带有各种各样的疾病，特别是所谓的 B 病毒①，所以猴子在使用以前，都要隔离，得给它抽血检查身体，看有没有这个那个的问题，不是说抓过来就能用。所以猴子在使用以前，必须要隔离将近一个月。这样的事情多了，搞一个生物制品像脊灰，都要费很大的力气，一步一步都要非常小心。前面提到的 Salk 死疫苗，出现过一个很严重的事故，就是打了 Salk 死疫苗以后，孩子得了小儿麻痹，为什么？因为它灭活不彻底。所以给孩子打了疫苗以后，结果孩子生病了，把美国的 FDA 急得要命，说这是怎么回事。后来一检查是灭活不够彻底，就是在灭活的过程中有一个步骤做得不好。后来改进了就没事了。

因此各项检定都非常严格，检定结束以后，还必须经过三期临床实验。临床实验就是人的临床实验，不是动物的，动物的是用猴子做的，已经都做完通过了，但那还不行，临床实验是最后阶段，必须是用人来进行实验。

---

① 赛宾等首次从被外观正常的恒河猴咬伤手指的 B 医生的脑和脾脏内分离出一种病毒，称之为 B 病毒，又叫猴疱疹病毒。B 病毒同人的单纯性疱疹病毒相近，它可使恒河猴引起呈良性的疱疹样口炎，于 7 至 14 天内自愈，但可使人类产生致死性的脑炎或上行性脑脊髓炎。

6. 在儿子身上做实验

第一期是少数的人。因为它是预防脊灰，脊灰都是小孩子得的，所以这个疫苗的临床实验只能用小孩，那么就需要十名左右的小孩来做安全实验。我当时在病毒研究所，我是组长，带头试生产出来的。那是1960年，我第一个孩子刚出生不久，正好符合这个条件。因为孩子的人体实验，得符合条件的才行。我说我孩子小东算一个，你们还有谁愿意参加，后来我们实验室人的大约五六个孩子参加了这个实验。

第一批疫苗出来了，得有几个孩子吃啊，谁吃啊？我说我小东刚好1960年出生，还不到一岁，符合条件，我们实验室有几位也有孩子，大约有两岁的、有三岁的。其实也没什么，因为我们搞这一行的，我心里有数，不像是不搞这一行的还挺害怕，我不能够随便拿孩子去冒这个险，在之前我们实验室的大人也吃了。可是我没跟我老伴说，她那阵子正好出差不在，后来她知道了，也没埋怨我。我们都是干这一行，当时

1961年，顾方舟抱着大儿子小东在北京人民大会堂门口

我想我自己的孩子不吃，让别人吃去，这不大仗义。

Salk 死疫苗是打针的，这个活疫苗不用打针，口服一次就行。口服之后就观察，观察期是一个月左右，主要是头一到两个礼拜。这五六个孩子的实验当时正好是六月份还是七月份，这个病的流行高峰季节就是在六、七、八、九这几个月。当时我真担心，正好是在流行的季节里来做这个安全实验，万一碰上了怎么办？所以实验前我说，咱们事先都得给孩子化验，看孩子做实验合不合格。

做第一期临床的孩子，头一个要他没感染过，没有感染过小儿麻痹，要看他血液里有没有小儿麻痹病毒的抗体，只有综合抗体阴性的孩子，才能够入选，要不就白做了。再一个就是例行的体格检查，要健康，其他没有什么要求了。

等检查了以后符合条件，就做了这次第一期临床。第一期临床观察了个把月，一个月过去了，孩子们都没事，也不发烧，什么症状都没有，平平安安地过来了，第一期临床实验就顺利通过了。我记得那时候在卫生部汇报的时候，就带着这个疫苗去了。当时我说这个都经过检定了，合格了。我当着部长的面，我说我们大人吃没问题，小孩也吃过了，是安全的。主要是安全的问题，大家都害怕这个不安全啊。

后来第二期临床实验就是更多的孩子试服，看他们的抗体增长情况，还有其他一些指标，那人数就更多一点了，二期临床也顺利通过了。到三期了就麻烦了。因为三期的临床实验要说明什么，说明这个疫苗真正有流行病学的效果。前面是安全的效果，是免疫学的效果，说明抗体有增长了，孩子吃了没问题，很安全。可是这个病的发病率是以十万分之几来衡量的，人少了看不出来流行病学的效果。所以必须要生产足够量的疫苗，做三期临床实验，必须要有足够量的孩子来证明这个效果。后来三期临床我们 500 万份在北京等 11 个城市，7 岁以下的孩子来服用这个疫苗，然后再经过流行季节，看效果如何。这就得跟各地的卫生防疫站合作了，让他们来参加这个工作。

各地都非常积极，像北京，很快统计了适龄儿童的数量，上报服用的孩子数目。我们做了对比，一组是吃疫苗的，一组是不吃疫苗的。不管什么疫苗，做疫苗都得经过这个程序，这样通过了国家才能批准，没有这个数据国家怎么能批准生产上市，当时还没有上市不上市的说法，是必须经过这个程序国家才能批准大规模使用。谁主持这个实验谁明白，真是提心吊胆，因为这个事情等于是拿孩子做试验。当时我和我实验室的团队大家心里头都有数，疫苗生产以前做过那么多的实验都证明没问题，而且一期临床、二期临床做了也没有问题，三期临床也应该没有问题。如果没有这样的信心，谁敢做，担的责任太大了，这多亏是有卫生部领导和实验室同仁的支持。大家都有这个信心，咱们中国想要降低这个病的发病率，只有推行这个疫苗——活疫苗。后来这一批500万份的疫苗结果出来了，11个城市开会商讨总结，两个组一对比相差很大，效果显著，说明有很好的流行病学的效果。所谓流行病学效果，就是能够降低发病率，削平季节高峰，而且还安全。后来就报告医学科学院，报告各个有关单位，报告卫生部。各个单位都知道了这个疫苗是成功的。可是问题是，中国的孩子不只是500万，一年有一千几百万的新生儿，再加上七岁以下这就上亿的孩子，要生产这么多疫苗，而且保证这个疫苗是安全的，不出事儿的，这怎么办？这个任务就落到我的肩膀上了，卫生部医学科学院领导又找我谈话。我那时候年轻，所谓年轻胆大，一般人很难承担这么大的风险。

五
扎根昆明

1. 创建猿猴实验生物站

因为脊髓灰质炎活疫苗，原料是猴子肾脏细胞的上皮细胞，这是一点。第二是检定，生产出来这个疫苗要检定，就是测试它的安全性。最后一关是毒力实验，这个疫苗虽然减毒了，但减毒后还有毒力，这个毒力是不是已经降到了我们所要求和承受的呢？就是这个毒力降到给猴子脑内注射、脊髓内注射，都不能引起猴子发病，到达这个程度。恒河猴可以说是仅次于猩猩的对小儿麻痹病毒最敏感的一个动物，非得用它来做最后的毒力检定，得通过这一关，不然怎么敢给人用。小儿麻痹病毒主要破坏的是脊髓的神经，就是人的脊梁骨里的一条，胳膊、腿都是这条神经支配的。除了我们的延髓，这里头有一些主管呼吸功能等，都是在延髓。

所以小儿麻痹病毒疫苗的检定非常非常严格。弄不好的话，给孩子吃了不就得病了嘛，所以大家特别注意这个问题。小儿麻痹活疫苗病毒跟死疫苗不一样，死疫苗病毒已经给杀死了，活疫苗还是活的，检定如果不好好把关，那就惹大祸了。所以我们就自己来制定标准，给猴子脑内、脊髓内注射了以后，还得把它拿出来做病理切片，观察它有没有病理变化；这个病理变化的检查，也有一定的标准。因此从各个环节来看，生产一批疫苗都需要大批的猴子。这种情况下，北京没这个条件，它没有足够数量的猴子，足够数量适合年龄的，因为还不能是病的、老的，它们都不能够做检定工作，有这个要求。

所以北京生产一批可以，或者少量地生产一些。昆明所①的生产能力每年能达到几千万人份，甚至有些时候、有的年份需要大量的疫苗，产量甚至于达到一个亿。所以医学科学院就组织在云南搞猿猴生物站，医学生物学研究所。它的主要任务有两个：一个是疫苗生产，脊灰疫苗生产；第二个就是做医学实验来研究医学上的问题，所以要在昆明组建这么一个研究所。

中国医学科学院决定在昆明，开始的时候是建立一个猿猴生物站，就是想利用猴子作为医学实验动物。因为猴子是灵长类，比猩猩要低等一些的动物，有一些医学的或者是生物学的工作，到了一定的时候，需要利用猴子做实验，所以必须要饲养一批猴子。可是建猿猴实验站不是一件容易的事情，首先必须得有人懂这个，像中国科学院有动物研究单位，我们院领导根据医学的需要，提出来要在昆明建立这么一个猿猴实验站。开始没有说要建一个研究所，后来随着情况不断发展，研究所的建立也被提上日程。院里领导了解到，美国研究脊髓灰质炎，就利用灵长类猴子做这项工作。中国脊髓灰质炎的流行其实很早，开始只是临床来说明这个病人是脊髓灰质炎，没有病毒学、免疫学方面的资料来说明。我记得是1930年，

1958年，玉案山上一片荒芜

---

① 昆明所，中国医学科学院医学生物学研究所的简称。

1958年，昆明所基建开工（图片由中国医学科学院医学生物学研究所提供）

谢少文[①]教授发表了一篇中国脊髓灰质炎病例的报告，这只是临床上的，没有病毒学方面的资料，但那是最早报告中国有脊髓灰质炎的文章，其实那时候散在各个省，十几个省都有这个病。

　　最开始去云南那边考察是1958年，因为云南那边猴子来源方便一点，而且中国科学院在那有一个动物研究所，恰恰我们这两家都到云南去选址，他们要建立一个灵长类中心，我们要建一个猿猴实验站。所以那个时候我们院里领导就到云南去选址了，就选在现在的玉案山，玉案山花红洞那个

---

① 谢少文（1903—1995），又名谢绍文，出生于上海。中国医学微生物学、免疫学开拓者之一和医学教育家。1930年，他在世界上首先采用鸡胚培养立克次氏体。1980年，当选为中国科学院生物学部委员。

地方。我听说我们院里和云南省省委和省政府联系，说有这么一个想法，希望他们能提供一块地。(20世纪)50年代末，那个时候正好主席提出来备战备荒为人民，所以我们去选址的时候，云南很小心，市内的和近郊的土地不敢给，为什么？就怕一旦打起仗来，这些地方用来备战备荒，他有这个担心。

所以他就给我们选了玉案山，就是西山，离昆明市有好几十公里，拨了一块地在花红洞。后来我们院里的领导就定了，跟云南省和昆明市市委、市政府商量，说好就在花红洞。这玉案山上什么都没有，就附近有一个傣族的村庄。当时花红洞一片荒芜，没有路，什么都没有，要建几万平方米的实验室、宿舍、动物房，那不是一句话的事儿。但是既然已经下了这个决心，而且是工作的需要，那就必须建立那么一个实验站。

2. 举家入滇

　　事情就这么定下来了,接下来得选派人员。那时候派人非常困难,因为当时昆明还没有通火车,而且是挺偏僻的一个地方,院里头找了好几位老革命,听他们讲约谈了好几位都没成功。你说谁去啊那地方,当时还是一片荒芜之地,谁也不愿意带着一家老小往山沟里头钻。后来我就跟院领导讲了,我说不行,这得有人去啊,我就下决心把我老妈、我老伴连孩子一块儿,一股脑就接到山沟里去了。你说咱不带头谁去,我等于是带了个头去的。

　　后来陆陆续续调来一些人,我就带着一帮人在那里开荒,就是什么都得自己动手,不过好在那个时候毛主席和党中央都主张知识分子与工农相结合,正好符合这个号召。我们去了以后要建实验室,没有实验室做什么疫苗;还要建宿舍、猴舍,所有一切都是从零开始。这里不像在北京,找一个地方调一些人、设备,很快就能够开始工作。

　　(20世纪)50年代末,条件非常困难,没有电,没有道路,到处都是山坡。花红洞这边是少数民族,他们很早就在山头上开了地,开了一片稻田种稻子。我们去了以后,附近的傣族同胞们,他们感觉到很奇怪,搬来那么一些人在盖房子,这房子越盖越多。我们工地里有电,他们说给我们拉一根线过来吧。我们给他们拉过去,等于是给他们解决了用电的问题。他们借了我们的光,所以我们的关系搞得还不错。他们也有个别的子女到我们所里工作,比如饲养小动物。总之到了那里以后,一切都得从头来。

五 扎根昆明

1959年，昆明所初建，职工自己修路

那时候还要组织捕猴队，因为要建猿猴生物站，没有猴子都是空的。捕猴队的人，大都是医专刚毕业的，还有一些老的员工，一起组成捕猴队去西双版纳。这等于把工作开了一个头，后面还得培养干部、培养技术人员，还要培养养猴子的技术人员。养猴子也不是一个容易事儿，谁也没有接触过猴子，它不像用小老鼠、小豚鼠，猴子是大个头的，活生生的，谁也不敢动。我说我带着，我教给你们怎么弄。就这样，一切都是白手起家，相当困难。

我们全家一起搬过来是在1964年，去之前我老伴是在病毒研究所工作。当时也有人劝我，户口都要跟着走的，你一个人去就可以了。后来我想这不行，我一个人去，人家说你没有长期在那的打算，是不是干一段时间就回北京了。后来我跟我老伴说了这个事，我说这可是得好好考虑，这不光是业务的问题，还涉及以后再调人，人家就要看顾方舟是怎么样的态度。我说咱们得跟妈说好了，咱们全家都搬那去。那时候我也下决心了，就在昆明那扎下去，为这个事业干一辈子。

我老伴特支持我，说行。那时候我家老大才刚刚几岁，要没有老伴的

83

支持，我很难实现这个。我妈也没有去过那么远的地方，她也特支持，说去吧，孩子我带着，她非常支持我们的工作。后来我全家，老母亲、我和孩子、我老伴我们一家四口从北京出发。那时候昆明还没有通火车，我们坐火车到贵阳，从贵阳坐汽车走公路进去的。

老伴是跟我做技术工作的，做组织培养、细胞培养。我们确定了活疫苗的技术路线，得要把这个疫苗病毒大批量地培养起来。在试管里面不行，量太小了，不能做生产，必须要用大瓶子，我们叫罗氏瓶（Rous）。一个瓶子的面积大概是多少呢？大概是一两百平方厘米。这样把细胞培养起来，然后再培养病毒。小儿麻痹疫苗之所以能够取得成功，它的关键在于细胞培养，得把大量的细胞培养出来，然后把病毒种进去，才可能收获。

我前面说过，人是脊灰病毒的唯一天然宿主，小儿麻痹病毒就是在人之间传来传去，特别是孩子，其他的连猩猩都不行。猩猩、猴子还有其他的一些动物都不敏感，除非直接给它打到脑子里面去，才可能发病。猴子又有好多种，只有这个恒河猴能够发病，其他的猴子也不行，所以我们的检定实验都是用恒河猴来做。

因为猴子在自然界，可能感染好多其他的病，所以我们不管是从下面买来的猴子也好，是自己繁殖的也好，做实验之前都先得隔离起来。我们还要建猴舍、建猴园，得摸索一套喂养猴子的食谱。三年"自然灾害"，人都没的吃，猴子得给喂饱，而且天天还得给它喂苹果、喂蔬菜，那比人吃得还好。

那几年咱们国家遭受所谓的自然灾害，老百姓都没吃的，我们也没吃的，饿。建所那时候，确实是辛苦，要命的就是吃不饱饭，真就是饿着肚子干的。我们中午在食堂里也只能够掐着吃饭，大师傅也是很小心的，怕大家提意见。他不是拿锅来做米饭，是用碗搁几两米，都称好了，一个人几两，一个人几两，然后蒸饭。蒸饭大家没意见，明明白白你给我搁了多少米，蒸出来我都吃了，就这样。像我们男同胞，一个月定量是三十斤①

---

① 此数据或有误差，年代久远，难以确认。

20世纪50年代末60年代初建设猴园（图片由中国医学科学院医学生物学研究所提供）

2016年，现在的猴园

粮食，三十斤还要扣两斤，是战备，所以男的也就是二十八九斤的样子。到时候吃饭了，吃完了肚子还不饱，再加上当时没有油水，没有肉没有油，那不是越吃越饿嘛，一个大小伙子一天的劳动强度多大啊，有的人给他四十斤都不够，因为体力劳动厉害，可是饭是有限的，是你的分量你吃完了那就没了，只能饿着，所以大家等于是半饥饿状态。女同胞是多少斤，女同胞少，男的三十斤，她们也不过二十七八斤。

那个年月真是值得回忆，同志之间互相帮助，女同志支持男同志，女同志吃不了那么多，28斤吃不了，省下来就给男同志。建实验室，修公路，盖宿舍，这些劳动我们都参加了。照说我们是技术人员，我们干好技术活，可是不行，哪分这个，有什么活都得干。过了1961、1962年，1963年就好些了。所以我们建所，实际上是跟缺乏人才、缺少吃的，得跟这些事情来抗争。我们在那几年的筹备工作当中，克服了很多方面的困难，不但要有体力劳动，还要有脑力劳动。我可以想象得出来，当时参加全国一些重点建设项目的人，他们的日子是怎么样过来的。但是幸好我们挨过了这段困难时候，三年困难时期终于结束了。

后来我们了解到，钱学森、钱三强他们搞"两弹一星"的时候，那真是吃了太多的苦，我们比起人家那算不了什么。咱们中国那个时候好多建设项目都下马了，为什么下马？苏联把我们的援助都掐断了，把技术人员撤回去了，图纸都拿走了，不下马也不行。赫鲁晓夫跟我们来这一套，把毛泽东主席气的，但是光生气不行，得有真东西在，我们就自己干。所以咱们就憋着一口气，不只是搞"两弹一星"那些人，就是我们也是憋着一口气，一定得把事干成。所以就把这个生物研究所逼出来了，后来不叫猿猴实验站了，改成医学生物学研究所。

3. 自主研制疫苗

研究所的主要任务是利用猿猴这种灵长类动物做医学实验，在我们做小儿麻痹疫苗的同时，还有我们医学科学院研究避孕的科学家，到昆明所去研究避孕药，也用猴子做实验动物；有一个心血管研究组也去了，要研究猴子的心血管情况，用它来做毒力试验，需要看它是什么样的年龄，它的动脉变化怎么样，观察动脉粥样硬化情况。他们都很高兴，利用它做了不少研究工作。所以我们在那里，用了大概不到两年的时间，初步把猿猴饲养的条件、实验室的条件等建起来了。后来从昆明医专调了一些人，从北京调了一些人，就这样开始工作。

我们到昆明以前，疫苗生产是从北京生物制品研究所开始的，我拿回来病毒的种子是在1959年，当时我们医科院的沈其震[①]副院长和卫生部直属的北京生物制品研究所合作，成立了一个脊灰疫苗研究组，等于是合作在那里出的第一批疫苗，后来疫苗生产的任务才从北京转到昆明。在昆明选址订好以后，人员怎么办呢？沈院长回到北京后，说调顾方舟去建这么一个所，首先得要调人，党政干部都要调，就从当地调党的书记，还要配备技术干部。技术干部就是我们留苏的这四个人为核心。我一个，闻

[①] 沈其震（1906—1993），湖南长沙人，医学生理学家，中国科学院生物学部委员。原中国医学科学院副院长、中国农工民主党中央副主席。

仲权[1]教授是一个，他是北京生物制品研究所的；还有一个董德祥[2]，是我们医学科学院病毒研究所的；另一个姓蒋，叫蒋竞武，她是成都生物制品研究所的。因为当时去苏联是考察灭活疫苗，也就是Salk疫苗，北京所、成都所都想参加进来，都想得到这个技术，所以都派人到苏联去考察、学习。

我们得在昆明所这里，把培养病毒，培养细胞，疫苗的成品、半成品怎么检定，怎样确保它的安全性等等问题，这一套我们从苏联考察学到的规程，结合我们的实际情况，变成我们自己的，把生产和检定的规程做出来。首先我们得要编写生产规程，生物制品必须要有这个规程，这是国家明文发布的，不能违背。然后就是检定规程，各项的检定都得要详详细细地写明白。这也是我们出去的四个人担当主要任务。

这四个人，我抓总的。其他三个人从细胞培养、病毒培养，然后到检定这几个环节，一个人负责一方面。我们当时去考察的时候也分工了，比如谁主要盯着细胞培养方面。细胞培养不简单，我们培养的是猴子肾脏的上皮细胞。要把这个细胞培养在玻璃瓶子里，让细胞能够成片地在玻璃瓶里生长，长好以后合格了，就交给下一个步骤，就是病毒培养。把疫苗毒种种在细胞培养瓶里，病毒在细胞里生长繁殖，收获大量的疫苗病毒。收获了以后，交给第三个步骤，我们叫做检定。检定有好多项目，第一个就

---

[1] 闻仲权（1925— ），辽宁新民人，原北京生物制品研究所主任、研究员。1953年分到中央卫生部生物制品研究所，1959年参加试制首批脊灰活疫苗成功，参与细胞培养分离麻疹病毒，参与组织培养痘苗研制成功。1977年获全国医药卫生科学大会和卫生部科研奖，1978年获科学大会奖。1992年获卫生部"有突出贡献专家"和国家"有突出贡献专家"称号。1992年获国务院政府特殊津贴。

[2] 董德祥（1931— ），浙江镇海人。曾在卫生部北京流行病学研究所、中国医学科学院病毒学研究所从事森林脑炎、肠道病毒等研究。1963年调中国医学科学院医学生物学研究所工作，曾任研究室主任、副所长、代所长等职。1989年被评为云南省"有突出贡献的优秀专业技术人才"。1991年享受国务院政府特殊津贴。2001年被授予国家级"全国消灭脊髓灰质炎先进个人"称号。

是看它单位的病毒含量，单位的病毒含量要求是到 7.0PFU，就是每一毫升里面的空斑形成单位，我们检查疫苗病毒的量，是用 PFU 这个单位。必须要够 7.0PFU，低于这个就不行了。所以掌握细胞培养和病毒培养的条件非常重要。我说得很简单，但是我们有好几次是失败了，达不到那个水平，不合格，只能废弃了再重新来。

毒种就是用病毒种子来培养大量的疫苗病毒，用做毒种的种子要经过各种各样的检测，才能够用。毒种最开始是从苏联带回来的，我在昆明的时候一直用那个，带回来以后我们给它增殖了。每一批的毒种不能量太大，太大就怕不纯了。每次只能生产一定量的，我们给它分成一批一批的，我这次生产了五百万份是第一批，然后再生产第二批、第三批。

培养液后来就比较简单了，不用 199，不用合成的氨基酸了，都是用乳白蛋白（lactalbumin）。培养病毒的这个溶液成分不能变的，都是用组织培养的方法，用乳白蛋白、牛血清，还有一个抗生素，这都是固定的。除了这个配方固定，不论用什么做哪个步骤都得事先经过检测，批量不能超过我们当时定的 500 万人份一批。培养病毒的话，温度一般来说都是三十五六度吧，不超过 37 度，温度是一定的。

输装一定要保冷，温度绝对不能超过零上 4 度。其他疫苗也都要冷链。过去我们国家经济条件不行，只能用别的办法代替，现在可以了，用各种办法都可以保持它零上 4 度。不能说是疫苗有了，结果运输当中温度高了，疫苗失效了。

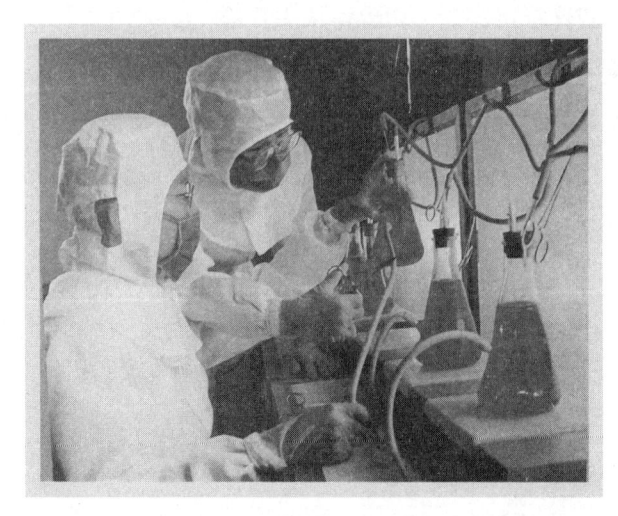

1997 年，猴肾细胞消化，昆明所

支原体[①]检查这里主要是检查SV_{40}，这是一种病毒，这种病毒在猴子的身上有时候可以查得到，要是生产用的细胞里有这种东西，那这批细胞就都不能用了，所以必须要查有没有SV_{40}。我们回国以后，用的猴子从来没查出过SV_{40}，这样用我们就放心了。所谓病毒滴定就是单位溶剂里，比如一毫升里有多少减毒的小儿麻痹病毒，只有足够量才能够去制造这个疫苗，要不然产品就不合格，不能用。

董德祥主要是负责细胞培养，闻仲权是负责病毒培养，蒋竞武是负责检定。董德祥是跟我一起的，他就是做病毒的，所以他在病毒方面有一定的知识。闻仲权在北京生物制品研究所，他对生物制品所这一套比较熟悉。蒋竞武在成都生物制品研究所，所以他们都有一定的基础。

后来昆明市从卫生技术学校调了一批学员过来，他们还没完全毕业，但是因为我们需要，就把他们调出来了，调出来就分在这几个岗位上。所以是我们这几个人带着一帮技术学校的学生一起来做。

他们学的是卫生技术，一般的卫生知识还是有的。但是干这个事他们就不知道了，得重新培养。而且他们都是一群刚刚十七八岁的孩子，得手把着手教，理论上要教他们，操作上也得要亲手教，所以我们这几个人带着这帮年轻人一切也得从头开始。

当时在北京是试生产，因为一个新产品要想通过，不但产品要通过，操作规程能不能行，也要考验。所以在昆明要求什么呢？要求连续生产三批合格产品，这个产品才能被国家批准，就这么严格。

我们都是用大瓶子培养，比如说一批是多少量，我们在北京生产的第一批是500万人份，后来到昆明也是按照500万作为一批，一批一批，得连续生产三批，这三批合格，国家才能给你文号。所以搞一个生物制品很不容易。我们在昆明的第一批疫苗是1960年生产出来的。

[①] 支原体是1898年Nocard等发现的一种类似细菌但不具有胞壁的原核微生物，能在无生命的人工培养基上生长繁殖，直径50—300nm，能通过细菌滤器。

1997年，脊灰活疫苗残余致麻痹力测定，昆明所实验室

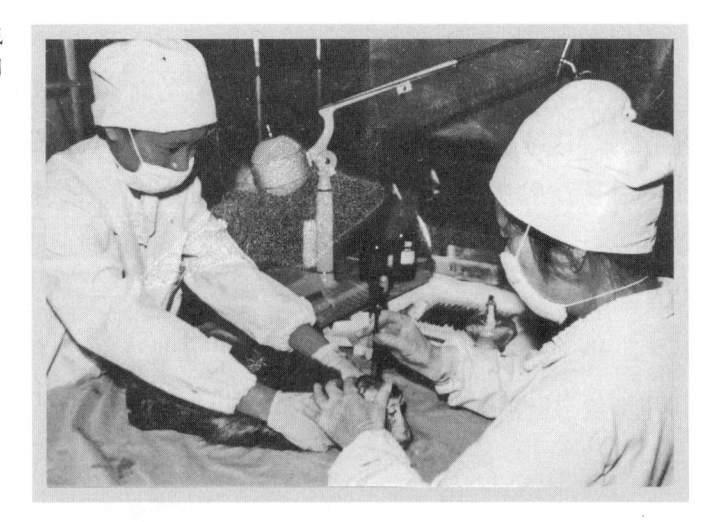

后来（20世纪）六七十年代全国备战，备战就是这些疫苗的种子不能集中在一个地方，一个地方给炸了就没了。所以我们那时候就分出去一批，闻仲权、蒋竞武他们后来就不在昆明了，他们就回到北京，在卫生部生物制品研究所组织生产。后来因为各种原因又停了，生产断断续续的。

脊灰疫苗的生产原料跟别的疫苗不一样，它要用猴子肾脏的上皮细胞来培养脊髓灰质炎病毒，而且它的单位产量能够到10的7次方以上，所以生产要用猴肾。除了生产用猴肾以外，生产出来的疫苗，它要有十几道检查。第一个检查它单位的病毒含量够不够，到不到7.0PFU；第二个，因为用的是猴子的细胞来做原料，得检查猴子还有没有含别的细菌，在病毒培养之前得进行这一步。猴子有一种病毒叫做B病毒，是特有的，这个病毒挺厉害的，绝对不能存在，另外还要查其他的病毒；最后一道检定是它的毒力试验，毒力试验只能够用一定年龄的恒河猴，把疫苗打在脑子里头，还有一种是打在脊髓里头。然后要观察，我记得是观察两个礼拜，都不能发病，到时候还要检查猴子的反应。所以前前后后，这个检定得要花一个多月的时间。

开始的时候我们是注射到脑内和脊髓内，这两种方法都用，是两步都要做。后来我们给它简化了，脊髓内就不做了，脑内就可以了，够敏感的

了，事实证明也完全可以。

脑内注射要求一定要在视丘部位，有的时候年轻的技术人员，他们掌握不住，这都得经过培养、训练，他们才能比较准确地注射在这个位置。所以脑内注射这个技术要求是比较高的，一开始的时候，我或者我老伴，我们掌握这个技术，后来慢慢地教给他们年轻的，经过培养和训练就可以了。

三期临床不是每批都要这样做，它是批准能不能上市，能不能销售，上市前必须得做这个一期、二期、三期的临床实验，每种疫苗都这样。

4. 推行活疫苗

咱们中国那时候穷，三年困难时期结束了条件也不行，但是疫苗不能不做。每年有两万到四万的患病孩子，卫生部也着急。世界卫生组织定了个目标，在1988年全球启动来消灭这个病，世界卫生组织下了非常大的决心。中国是个大头，人口多，发病率也高，所以中国政府就开会，江泽民、李鹏同志都出面了，响应2000年要消灭这个病的目标，承诺我们提前5年，要在1995年消灭这个病。消灭这个病靠什么？靠这个疫苗。除了疫苗以外，更重要的一个是免疫的方案得制定出来。我们是发展中国家，经济又比较落后，这么庞大的人口，没有一套办法是不行的，疫苗当然很重要，但光有疫苗还不够。还要培训一批防疫人员，这个我们中国具备条件，能办得到。

我前面提到过，当时我从苏联回来就跟卫生部建议，一定要靠活的疫苗。Salk疫苗是死疫苗，它能够产生抗体，能够保护个人，但是它不能够阻止病毒扩散，不能阻止人和人之间传播扩散。活的疫苗能够引起身体的变化，不但能引起抗体，而且肠道组织也能够免疫，这样就能够切断病毒的传播。后来咱们中国采取了活疫苗的技术路线。

要说我有什么贡献，我觉得一个是引进了活疫苗的技术路线，被国家采纳了，建立了实验室，建立了生产基地。第二个有了疫苗，怎么来组织疫苗服用，这是一个大问题。我们不能用欧美的办法，出生以后几个月或者是七岁以下，抱着适龄的孩子送到保健站去吃药去打针，咱们中国不行，城市里可能行，到农村就没这个条件了。活疫苗有返祖的可能，怎么解决？我当时提出来就是免疫策略问题。要针对这个病的性质，病毒的流行病学的性质，来设计免疫的策略。

策略，在军事里来说，就是战略和战术的问题。光有武器，有枪、有炮，怎么打？根据每个国家的具体情况不一样，战略就不一样。所以我提出脊灰疫苗使用的策略，就是要在短期内使一定固定人群口服率要达到95%。像我们中国这么广大的人口数量，比如重庆还没有划出去以前，四川省就有一个亿的人口。那一年生下来的孩子得要一千五百万，这一千五百万个孩子生下来，你都得给他免疫，不光是脊灰，还有麻疹等其他好几种疫苗。所以脊灰的免疫策略主要有几条指导思想。

第一个，一定要以乡、镇、县为单位，甚至于后来扩大到以省为单位。一定要在这个人群里，比如你这一个乡里头有多少适龄的孩子，我们当时定的是7岁以下，服用率就是适龄儿童服用疫苗的百分率，一定要大于95%。一个镇也好、一个乡也好、一个县也好，不管你有多少孩子，得给我统计出来。你服这个疫苗的总量，一定要达到不低于95%。目的在什么地方呢？目的就在于建立一个免疫的屏障。因为这个病都是在小孩子身上发生，7岁以下的孩子，给他们吃了疫苗以后就建立起屏障，所谓屏障建立就是病毒不互相串了，不会你串给他，他串给他，外面的也进不来了，所以就建立了这么一个免疫屏障。

再一个就是要限定一定的时间。我刚才说了要达到口服率95%，可这个95%不能稀稀拉拉的，今天一个孩子，明天一个孩子，一定要集中在一定的时间之内，让这95%的孩子都吃到这个疫苗。

我们当时是7到10天，有个幅度，7到10天要给一个县，或者是一个乡、一个镇，适龄的儿童95%的人都给他把疫苗吃了。也就是要求必须在一定的时间范围内，建立起一个强大的免疫屏障。好在我们国家这样的体制，要达到这个目标也还不是太困难。卫生部一声令下，各个省、各个市、各个县，包括下面的乡镇都得照办，然后得去检查达没达到目标。在欧美国家办不到，他们都非常不赞成这种办法，都是抱着适龄的孩子，大约6

月龄到7岁,到卫生站去吃疫苗,所以他稀稀拉拉的,可是他人少好办。他们这种方法在我们所谓的发展中国家、经济不发达的国家很困难。所以说脊灰疫苗免疫策略的重点,一个是服用率,一个是时间,还有一个是以县、乡、镇等为基本单位。

免疫方案有一个过程,有一些变化。根据我们的研究结果,小儿麻痹病毒是三个血清型:Ⅰ、Ⅱ、Ⅲ型。Ⅰ型是主要的,占80%以上,Ⅱ型和Ⅲ型是次要的。另外Ⅰ型和Ⅱ、Ⅲ型之间,病毒互相有干扰,因为这个病毒到了人体里以后,它要繁殖的,互相有干扰不行,所以要分开,先治第Ⅰ型,然后再治Ⅱ、Ⅲ型。所以最开始是先服用Ⅰ型,然后一个月以后吃Ⅱ到Ⅲ型。后来发现这样太麻烦了,因为你不止要免疫一次,动员防疫人员下去到新疆等地方跑一个村落,得费多大劲。所以后来我们就改进了,在剂量上给它调配,Ⅰ、Ⅱ、Ⅲ型就给它做在一个糖丸里头,吃一次就行了,所以它的免疫方案有了一些变化。现在是Ⅰ、Ⅱ、Ⅲ混合型,所谓三价型,吃下去就都可以免疫了。Ⅰ型的剂量要大一些,总体上来说就是Ⅰ、Ⅱ、Ⅲ三型,病毒量都达到比较合理的程度,吃下去以后,三个型的免疫力都有。

前前后后一共吃四次,每次都是吃一粒。大约两月龄的时候吃一次,连着吃三次,中间隔大约一个月。到后面再补充一次,这样让孩子得到充分的免疫。现在我听说,他们也在摸索研究,把口服脊髓灰质炎疫苗和别的疫苗做在一块,不要让防疫人员太辛苦了。比如百日咳、白喉、破伤风,那是打针的,吃疫苗或者打一针,想把这四种病都预防了,想这个办法。

开始是周总理,他去访问缅甸,可能云南省委就汇报,他们当地有的科研项目,就介绍了昆明西山有一个研究所,可以去看一看,就这么着介绍给了周总理他们。总理到我们所就不能叫参观,就是视察了。我们事先不知道总理要来。我们的所长姓靳,叫靳冰阁[①],我们俩就分工,我在生产

[①] 靳冰阁,1913年生,河北涉县人。曾任中央卫生部流行病研究所副所长、中国医学科学院医学生物学研究所所长等。

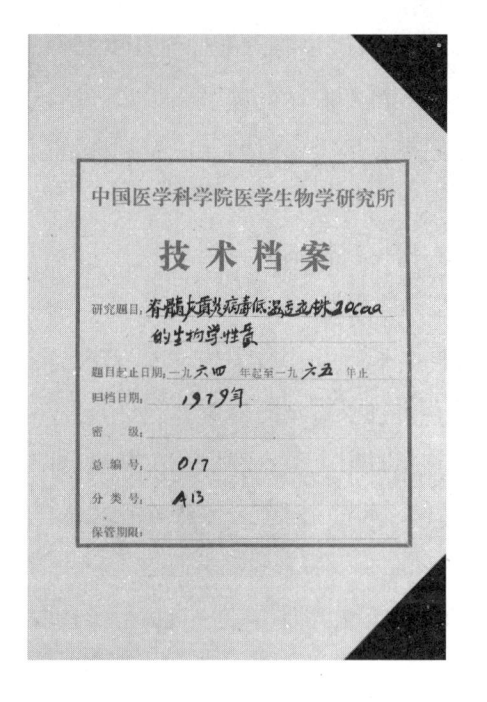

楼接待，他就到猴园，因为他们安排最后要请总理一行人到猴园去看看。所以我在疫苗生产楼里面跟总理汇报疫苗生产的情况，汇报完了以后，总理就出来到外头了。我一边走一边跟总理说，我们这药要生产足够量，让全国7岁以下的孩子都能吃到这个疫苗，这个病就消灭了。总理一听："嗯，是这样吗，那你们以后就没事干了？"有点开玩笑的语气。我说："那不会，这个病消灭了，我们再去研究别的病。"总理说："对，要有这个志气。"

总理去视察，大家都很兴奋。后来云南省委、昆明市委不断地介绍中央领导到我们这里视察，比如像李先念、陈毅、朱德同志等好几位领导都先后来过。因为当时云南的科学技术发展比较落后，没有什么可以给领导看的，能拿得出手的，我们所算一个比较前沿的，搞细胞培养，还做实验。所以省里的领导、中央的领导来了以后，往往介绍到我们所里去。

当时是沈其震副院长，提出来要建立一个猿猴实验站。后来在昆明所，三年自然灾害期间，很多项目下马。有一天我在昆明接到沈其

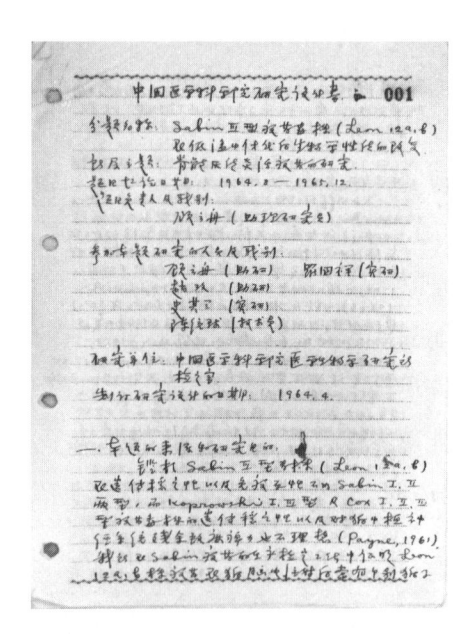

顾方舟在昆明所从事课题技术档案，2016年摄于中国医学科学院医学生物学研究所

震副院长从北京打来的电话,问:"顾方舟,你要说老实话,到底能不能干?干得了干不了?"我说:"沈院长,困难是有的,但这些困难是可以克服的。我们这些人在这儿一定干出来给您汇报。"那时候条件特别艰苦,一切从头开始,但我们克服困难也得让研究工作展开。

5. 一个不能少

　　疫苗虽然做成糖丸了，很方便，很简单，可把这一个小小的糖丸送到孩子嘴里，可不是一件容易事儿。我下去给孩子们免疫过，了解下面免疫的情况。中国有这个力量把免疫策略贯彻下去，可即使是这样，还有免疫薄弱的地方，像新疆、西藏情况复杂得很，做计划免疫的困难你们想象不出来。这不光是把糖丸给孩子吃下去的问题，还有当地的一些社会问题。还有各种各样的阻挠，比如宗教问题，他一吃这个疫苗有味，有牛奶做的一些添加剂，有些地方不杀牛的，所以也碰到过这个问题。后来我们就不往里头加牛的这个成分，就换了。所以推广计划免疫，把一个糖丸给孩子吃，想起来挺容易的，实际上非常非常难。

　　在城里的孩子还好办，到乡下怎么办？在西藏、在新疆、在内蒙古，这么地域广阔的地方，孩子很多都是在交通非常闭塞的地方，不组织这么一批队伍挨家挨户送，根本没法完成任务。口服率一定要达到95%，就是100个7岁以下的孩子，一定要有至少95个孩子吃上疫苗。这句话说得轻巧，可真正做到这一点，基层的防疫人员那真是辛苦。因为这疫苗怕热，得保冷，所谓的冷链，这个疫苗从防疫站或者卫生局拿出来以后，一路都得是保冷的。当时咱们国家的经济也不行，这个冷链得有设备，在大地方防疫站有冰箱，可到底下没有冰箱怎么办，那就自己想办法。

　　在县里头防疫站有冰箱，可是你离开了县怎么办？后来我们想了一个办法，用广口暖瓶，卖冰棍用的广口暖瓶。那时候的老太太拿个广口暖瓶，里面搁着冰，一个广口暖瓶塞个一二十根，拎着到处卖冰棍去，就是用广口暖瓶保冷，要不然冰块就化了。当时想了好多土办法，还挺管用。

我们的防疫人员拿着广口暖瓶，里面放上冰或者是冰棍保冷，疫苗就在这个冷的环境下提着，一家一家送。为了送一颗疫苗，从一个蒙古包或一个帐篷到另外一个，一家一家离得好远的路，而且这个路是很不好走的路，有的地方这一家跟那一家隔着好几十里地，有的防疫人员就是在送疫苗的途中，摔到山下摔死了，所以也有一些防疫人员牺牲了。因此消灭脊髓灰质炎不光是疫苗的功劳，有了疫苗，送不到孩子嘴里也是白费。这个工作是由各个省（自治区、直辖市）、市、县、乡的防疫人员做的，他们付出了很大的代价，做了很大的贡献。

　　1962年，我们已经发明了糖丸，把这个疫苗病毒做在糖丸里，剂量正好是一人份，孩子就吃一颗就行了。可是把这一颗糖丸由防疫人员送到孩子嘴里，这里面还有一个宣传教育的问题。防疫人员得宣传，得让广大百姓知道这个病，尤其需要得到广大家长，特别是母亲们的配合，他们得知道吃这个疫苗是怎么回事。当时有一个地方防疫站的站长，是个女同志。她领了疫苗以后，就放到家里的冰箱里了。家里的孩子不知道，偷着把冰箱里的糖丸疫苗吃了大概有几十颗。这防疫站的站长急了，到处打电话、写信问怎么办，可见防疫站的人都可能看不住孩子。糖丸有糖丸的好处，但它也有问题，幸亏没出事儿。所以消灭小儿麻痹这个事情，看起来好像挺简单，可是做起来非常难，必须得一步一步非常小心。

　　一颗糖丸的病毒含量1%就够了，吃了这个以后，到了肠道里头它还繁殖。一般来说生产的话，一毫升里必须有10的7次方，是什么概念呢？就是1后面有7个零，有这么多的空斑形成单位[①]的病毒。低于这个值，疫苗就不合格。很少有超过8的，就是7.0、7.1、7.2……都是在7的附近，然后比它高。

---

① 空斑形成单位又称蚀斑形成单位，是计量病毒（或噬菌体）的一种单位，但只限于用在具有产生空斑能力的病毒。其原理是：用少量有破坏宿主细胞能力的病毒去感染已形成致密单层状态的宿主细胞群体时，经过一定的培养时间，使每个感染细胞周围的细胞逐渐感染崩溃，形成肉眼可见的空斑。

疫苗研制出来的时候都是液体的，一开始我们滴在饼干上，或者在馒头上，让孩子吃下去。主要是给孩子吃液体的东西，孩子抗拒，他不知道你给他吃什么，他害怕。后来我感觉这样太麻烦，就改成糖丸这种剂型，滚成糖丸，孩子都喜欢吃糖。孩子一舔糖丸是甜的，他就吃了。

糖丸当然也要保冷，送下去的话搁在广口暖瓶里。现在好了，有了冷链。所谓冷链就是从冰箱拿出来以后，放到一个容器里头它是保冷的。

原来的疫苗是八度左右。这个保冷的装备可以保证几天或者多少日子不会坏。你在县防疫站把疫苗领出来，在送下去的过程中保冷。做成糖丸以后，它能够在室温，也就是二十几度，大概可以保存一个礼拜左右。所以说起做防疫工作，通过脊灰疫苗就可以了解，防疫工作者的伟大，他们牺牲了自己，保证了孩子们能得到免疫。因为他们的付出，咱们消灭了这个病，在中国来说是没有了，已经维持十几年了。我们研究疫苗辛苦还是在家里头，我跟他们去投过苗，感受到在外面工作的不容易。我向防疫工作者致敬，他们简直是太辛苦了。

卫生部负责防疫的部门现在叫做疾控中心（CDC，疾病预防控制中心），由他们来培训。

6. 维持无脊灰状态

我们从 1962 年开始广泛使用糖丸疫苗，那是几千万上亿人份的生产。我们有个团队，好多同志一起做了很多工作，一个县、一个州、一个市、一个省，都制定和执行这个免疫方案。这样干了多少年，脊灰的发病率才一直往下降，后来到零，没有了。

1994 年我们在湖南发现最后一例野病毒引起的脊髓灰质炎，从此以后就没有了。所以这个报告是 2000 年，卫生部长签发报给世界卫生组织的，证实我国消灭了脊灰。花了多少年时间呢？我们从 1960 年算起，1970、

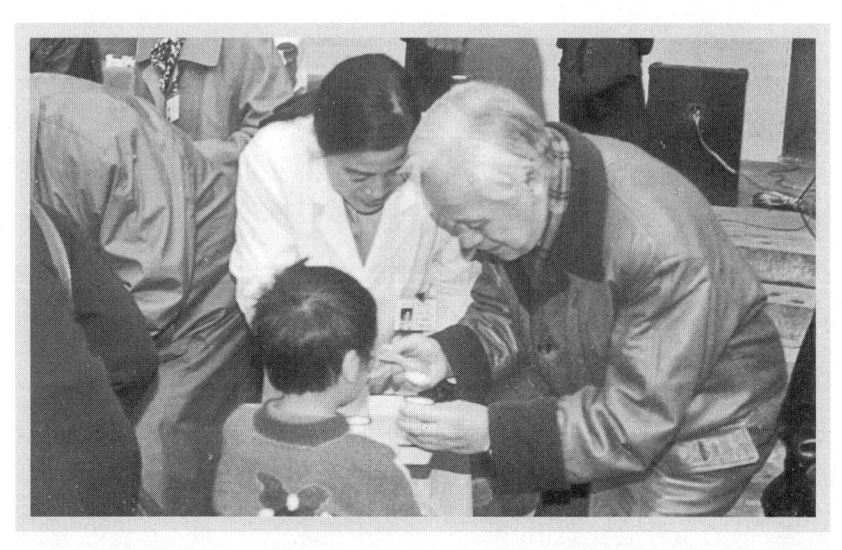

1999 年，顾方舟（右1）与世界卫生组织的专家在广西督导消灭脊灰工作，给小儿喂服糖丸活疫苗

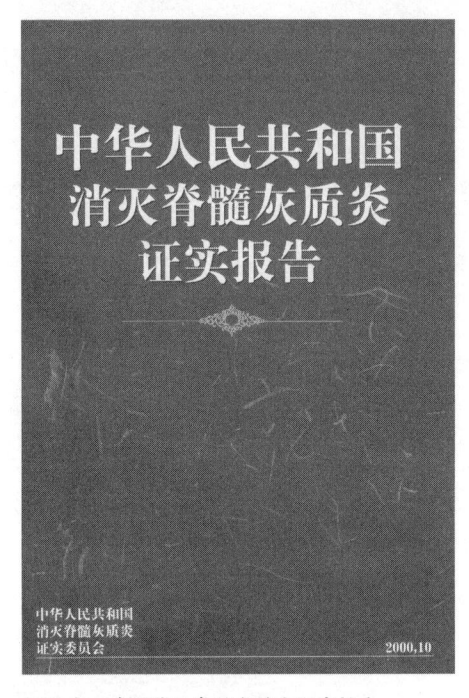

2000年，中国消灭脊髓灰质炎证实报告

1980、1990、2000，40年，用了40年的时间，我认为已经把这个病扑灭了，从此没有新发生的小儿麻痹了。

可是没有了得证明没有，还有好多维持的工作，市里头的、县里头的、镇里头的、乡里头的这些卫生单位，每年都得要报告。所谓零病例，咱们每年都要维持，这里面还有许多工作，苦了基层的工作人员了。

但是有一个问题，我们和巴基斯坦、印度这些国家临近。新疆2011年又发生了小儿麻痹，把中国十几年无脊灰的历史中断了。后来一查是从巴基斯坦那边过来的。再加上新疆和田边界地区，免疫不充分，没有那么一支队伍，能把一颗颗糖丸送到适龄的孩子嘴里，所以积累了大量的敏感人群，结果最后就爆发了。这引起了卫生部的高度重视，后来我们去开了几次会，找原因。我们在会议上不客气地说，这个问题主要就是你们免疫不到家，漏服，该吃疫苗的孩子没给他免疫，所以发生了这个情况，他们在会上没敢发言。后来卫生部派了很多人下去，花了好大力气加强免疫、强化免疫，那个时候新疆和田14岁的孩子有得这个病的，说明它免疫的差劲。这样就扩大了免疫范围，包括14岁的孩子都得要吃这个疫苗，另外其他一些省份也都捎带着，临近省份的孩子都得吃，像西藏的、贵州的、宁夏的。昆明所的所长给我写信，说一下子生产了一个亿的疫苗。好在这个事情下了大力气以后，把这个病给控制住了，这样才算把这个事情解决。所以世界卫生组织也承认，中国小儿麻痹的免疫工作做得还是好的。

其实我很体谅新疆出这个事儿，说是他们漏服了，免疫空白了，怪他们免疫不到家、不到位。可是我反过来一想，让他们都到位、都到家，光是出去就有住宿费、路费、吃饭的钱，国家的这点钱哪够。也该体谅他们，他们实在是难，不光是脊灰一个问题，还有好多其他的事儿，咱们现在比过去是强多了，可是很多方面还是落后于其他国家。

除了学龄前的孩子，其他年龄段的孩子也有感染脊灰的可能性。他没有免疫力，也可能受到感染。所以我们那时候去，听说有14岁的孩子还得这个病，我们就知道了，他们以前的免疫工作没有做到家。

现在可以说中国已经消灭脊灰了，2000年世界卫生组织宣布，西太平洋地区已经没有脊髓灰质炎发生了，因为用了这个疫苗。国际上本来说是2000年消灭，现在不行了，因为有的国家消灭不了，像印度、巴基斯坦、尼泊尔、尼日利亚这些国家，他们没有这个力量，这些国家和地区他们不敢说。所以要在全世界消灭这个病谈何容易，路还很长，还得若干年才行。现在已经是2014年了，我国的无脊灰还得维持，维持的话当然孩子还得要服用疫苗，给孩子们普遍免疫。

现在我们把脊髓灰质炎这个野病毒封存起来了，谁也不准用。这有点像消灭天花，1972年中国宣布已经没有天花发生了，就是因为接种牛痘疫苗。天花病毒就封存起来了，谁也不准用，据说咱们的天花病毒后来上交到国际卫生组织，现在全世界就美国和俄罗斯的实验室保存了天花病毒。现在咱们不种痘了，对天花的抵抗力不知道怎么样，所以绝对不能放有毒的天花病毒出来，像魔鬼一样。天花已经消灭了，脊髓灰质炎这个病也到了这个时候，现在我们国家还在维持没有脊髓灰质炎这个状态。

这很不容易，甚至要几代人的努力。像天花这个病，经过了一二百年，全世界才把它给消灭了，消灭脊髓灰质炎也还得若干年。咱们中国还行，咱还走在世界的前边。不像印度、尼泊尔，不像打仗的索马里、非洲，咱们还是能跟上世界卫生组织的步伐。他们都拿我们当疫苗方面的样板，像美国等国家都组织人员来咱们国家考察访问。

发达国家最开始大多数都是用的死疫苗，他们国家人口少，孩子少，也就几十万不到一百万。而且他有的是免疫的力量，有完善的保健网，每个城市、乡村都有保健站，工作人员不需要很多。生了孩子不久，够这个年龄打疫苗了，家长抱着孩子到保健站里头去，就给接种了。我们的活疫苗确定成功了以后，还有像丹麦、波罗的海及北欧的几个国家，他们始终不用活疫苗，他害怕。他们国家小，人口少，用死疫苗完全可以，也不在乎钱多少。

  应该是（20世纪）90年代，我到印度参加一个会议，了解到他们的小孩得脊髓灰质炎，根本就没人管。世界卫生组织到中国来了解中国消灭脊髓灰质炎的工作，知道我们广泛地使用了活疫苗，而且免疫接种率达到95%，没有了野生病毒的传播。这次回去以后，他们才开始用这个活疫苗，印度特别遵循英美的传统。因为我们被世界卫生组织认可了，现在的发展中国家，经济比较不发达的国家，也都开始使用这个活疫苗。

7. 无脊灰，无遗憾

所谓野毒株，就是在自然界存在的，也就是在人体里面存在的病毒，这个病毒的毒力是很强的。它还有一个能力是人传播人，这是脊髓灰质炎的流行病学特点，一个孩子有了这个病毒，他就会传给另外的孩子。

野毒株一直有，要不然怎么会每年都有流行。七、八、九三个月是流行季节，脊髓灰质炎主要是这些带着病毒的孩子互相之间的传播。

新疆这个例子其实没有爆发多少孩子，大约十几个。开始是三四个孩子从巴基斯坦进来了，孩子病了，发烧了，他们不知道是怎么回事，他们那里医疗条件不行，所以就过来中国这边看病。他们在巴基斯坦的时候已经在潜伏期了，结果把这个病毒带进来了。到咱们这里一看不对，赶紧留粪便化验，大便里头发现了脊灰病毒。这就是所谓的野病毒，不是疫苗病毒。

疫苗在肠道里头繁殖排泄出来了，这就是疫苗病毒。疫苗病毒也是活的，但是它没有引起病的能力了。咱们中国现在所谓的无脊灰，说明中国的本土大陆已经没有野病毒的传播了，野病毒是可以致病的病毒，而疫苗病毒不会。

疫苗病毒还是病毒，虽然它不引起脊灰了，但是它这个病毒会变异，它能引起一些免疫缺陷孩子的问题。免疫缺陷的孩子有好多例子，比如无γ球蛋白，但是这种免疫缺陷的孩子很不容易被发现。免疫缺陷的比例有人做过一个统计，它的发生率大概在百万分之一到二百万分之一，对咱们中国来说，吃活疫苗的孩子里，每年一千五百万个新生儿里头，就有 15 个是有免疫缺陷的。

所以这就是问题。现在为什么提出来返回去了呢？用死疫苗比较保险，可是想用死疫苗取代活疫苗，对中国来说是个大大的问题，政府得拿钱出来，为什么一直没有推行死疫苗，就是这个原因。除非你豁出去了，百万分之一就是百万分之一，可是从伦理上、道德上来说，怎么能够让孩子因为吃了疫苗而得脊灰呢？

先天的免疫缺损可以查，会很费事，得查各种各样的指标。也不能给所有的孩子在吃小儿麻痹活疫苗以前，查所有的指标，那操作起来太难了。所以前年开会的时候我也是主张得想办法，或者是不打三针只打一针，打了一针以后，有了一个基础，再给他吃活疫苗，那就不是百万分之一的几率了，风险就小多了。现在昆明所用疫苗病毒生产灭活的死疫苗成功了，它的免疫力等各方面都合格。

各种预防都可能发生偶合病例。比如说预防天花就是种痘，种牛痘可能引发出一些病，比如种牛痘以后发生了全身的痘疹，因为牛痘也是活的，不过它不是天花病毒，它是牛痘病毒，互相之间有抗原上的共同性。像小儿麻痹这个疫苗也是一样，在接种的成千上万的孩子里，不知道这个孩子接种以前接触过什么。可能正好接种的那一两个礼拜里头，他发病了，还有好多病类似脊髓灰质炎的症状，像神经炎。还有好几种孩子的病，症状都非常像脊髓灰质炎，这就得有儿科医生来排除。这种情况也有打官司的，我们家孩子吃了小儿麻痹疫苗糖丸，孩子瘫了，怪吃了这个疫苗，其实有相当一部分是所谓的偶合。

所以卫生部费了好大劲儿来解释说明，只能够用病毒学、血清学的方法来证实得的是不是小儿麻痹。它和别的病合在一块发生不能怪疫苗，可是跟家长很难解释清楚。而且现在吃着这个活疫苗，还有百万分之一到二百万分之一的孩子由于他先天性免疫缺损得小儿麻痹，这很难办。

像柯萨奇也是肠道病毒，它里面有好多好多种，有 A 型，有 B 型，引起来的症状也不一样。比如说这两年流行挺厉害的手足口（病），就是肠道病毒 71 型，它引起的一些手、足、口的溃疡。肠道病毒很多，类型也很多。要鉴定这个病是不是脊灰，那就要分析病毒，从他的粪便里来分析这个病毒，这是第一个；第二个就是看他发病前、发病后，中和抗体的增长情况，看这个来诊断，也就是病毒学诊断和血清学的诊断，是可以确诊的。

现在死疫苗的生产也不用野病毒了，过去国际上规定生产死疫苗用标准株，标准株实际上就是野毒株。Ⅰ型是 Mahoney、Ⅱ型是 MEF-1、Ⅲ型是 Saukett，国际开会大家都承认了用这个标准的野毒株来生产死疫苗。现在不让用标准病毒生产了，国家有统一的疾病控制中心，把这个都收回来了。所有脊髓灰质炎实验室都不准操作野病毒的实验，里面的野病毒一律销毁，不准保留，就像天花病毒一样。

我刚才说了，昆明所用疫苗病毒生产的死疫苗也成功了。我一年多没得到消息了，是不是卫生部把用疫苗病毒生产死疫苗批到日程上来了，到底是不是推行混合的，就是死疫苗和活疫苗交替使用的方法，应该是还没有。主要就是咱们国家人口太多，成本太高，免疫力量跟不上，就是给孩子打一针国家得花多少成本！所以现在应该还在用活疫苗。

去年有一次在卫生部开会，部长参加了，问起这事儿，我没吭气。敢不敢下决心、用不用轮替的方式，先用死疫苗再用活疫苗，这个话我不能说。国外对这个问题比咱们重视得多，不能因为用这个疫苗导致一百万个孩子有一个孩子致病，伦理上说不过去，哪个家长愿意摊上这事儿。所以我主张是用死疫苗和活疫苗交替使用，但是想要交替不是那么容易的事儿。

你像麻疹有疫苗，现在麻疹发病率下降得很快，但是在很多农村地区，麻疹还是有流行，而且得了麻疹得肺炎死掉的孩子也不少。麻疹不是打针就完了嘛？我在没有接触免疫工作以前，也是这么想的。我们搞疫苗的研究出来了，检测合格了，你们用吧。可是哪有那么容易！像脊灰，现在只要根据卫生部的报告，再维持十年，等于陪着人家，印度也好，巴基斯坦、尼泊尔也好，还有非洲的一些国家。他们不消灭，我们这儿不敢说消灭。

这个疫苗免疫预防的问题太难太难了，从事这个工作太不容易了。朱镕基当总理的时候，他说过一句话。他说："我最困难最头疼的问题，咱们国家人太多了。"当一个国家的总理这么多事儿，他说我最头疼的就是人太多。可是人太多没办法，生出来了，你得保证他们的健康，国家该投资还得投资。这光是脊灰，还有白喉、百日咳、破伤风、麻疹等等好多病的预防。

六
一辈子，一件事

1. 最遗憾的事

我哥哥跟我一样，开始的时候也是考医学院，后来他病了，生病以后就在家里养病，休了一年，他考上了北京大学农学院。所以他没学医，学农业了，毕业以后应该是留在农业部做行政工作。

我弟弟在汇文中学，他那个时候年轻，当时闹学潮、游行，他都参加，跟着一块儿嚷嚷。后来他就南下了，跟着大队人马南下闹革命，到了武汉认识了一个女孩子，两个人谈恋爱结婚，就留在武汉了。听说他是在计划生育办公室工作，后来我们也比较少联系了。在高中的时候他就入党了。我那个入党介绍人张硕文，也是汇文中学的，他就让张硕文同志跟我联系。

我有三个孩子，两个男孩，一个女孩。我老大是 1960 年出生，小学、

1946 年，与哥哥顾方乔合影

初中正好赶上"文化大革命",那时候不知道怎么刮了一股风,读书无用,都不念书了。学校里后来老师都没法当了,学生造反了。你说这样的情况之下,他们能够学多少东西!后来怎么办,不能总这样,我就想办法给他送到加拿大,我有一个朋友在那开了个公司,他就在那公司里工作。

老二是1965年出生的,"文化大革命"是1966年到1976年,整整折腾了十年,他上学正好赶上这时候,都觉得念书没有用,也是不爱念书,我们说也没用。他在八一中学交了个女朋友,她们家也是没办法,怎么办?这个女孩子家里头愿意,干脆花一笔钱出国,叫投资移民,都到加拿大去了,以后又转到美国。后来这两个孩子想办法自己奋斗,自己自学,老二考了一个学位,他爱人也是。出去以后就全靠他们自己了,我们够不着了。

所以他们的少年时期确实没受过太正规的教育,不过他们还知道自己努力,这当然和我们平时对他们的教育也有点关系。因为他们的老爸老妈都算是高级知识分子,平时也跟他们讲老爸是怎么回事,讲我们学习研究的历史,所以他们也受到一点影响,知道什么事情都要靠自己的努力,自己不努力,别人没办法救你。我的两个儿子,老大现在已经50多岁了,老二也40多了,都有家有室了,老大在加拿大,老二在美国,现在也都能够站住了。所谓站住,你要有自己的职业,自己能够养活自己、养家。这很不容易,很多人在外面立不住脚都回来了。

老三是个女孩,她是1970年出生的,她上学的时候还受"文革"的余波影响,学校根本不怎么教孩子,老师也不管,所以她也没有念多少书。所以我这三个孩子在学业方面都让"文革"给毁了。

我们对他们没有什么太大的影响,我们两个都是学医的,特别是我老伴她还到美国去进修了两年,可是他们受到我们的影响很小,受到"文革"的思潮影响倒是很大。

老二、老三都是在昆明出生的。那个时候我们研究所在山沟里头,就一个小学,是我们研究所自己办的,老师的各方面水平都谈不上。所以他们没能受到比较好的基础教育。后来完全凭他们自己了,到国外你要自己不努力，就找不到像样的工作。

所以要说起我孩子受的教育，是我最遗憾的一个事儿。有人说老顾你的孩子都没有受到高等教育，那我们的孩子就更没法提了。我说情况不一样，你们赶上"文化大革命"照样，谁都逃不掉这个。

他们小时候我最难忘的就是我的老二了。老二那时候上小学，就在我们家附近一个学校。那个学校也是"文革"时候造反造得一塌糊涂，我的老二跟着一个医院职工的孩子，两个人整天拧在一起。后来我老伴一看情况不对头，他要学坏了，就坚决地转学了。

转学到了另外一个中学，八一中学，是一个干部子弟学校。幸亏是转校了，后来那个孩子跟着其他的坏孩子全国乱跑，再后来被所谓"严打"，就是犯事儿了，在广州被逮捕，据说后来被枪毙了。现在想想这个事儿都心有余悸，孩子分辨不清楚什么是对什么是错，跟着瞎起哄。幸亏我们把老二转学了，在八一中学住校，住校就有人管了，总算没有陷到犯罪的境地。1976年"文化大革命"结束了，可是结束了，"读书无用论"这个毒害还没有完全消除，所以孩子们还是不爱念书。

我母亲是随着我们到了昆明，可是"文化大革命"造反派造反了。头一个目标是我们的所长，他在北京得病去世了，那我就首当其冲了，天天批斗我。我母亲是在1967年"文革"期间病故的，我最遗憾的是我的母亲，没有享受到她儿子对她的孝心。她当时不知道自己的孩子到底怎么了，天天挨批斗，天天到大礼堂呼口号"打倒顾方舟"，老太太哪受得了这个。她不知道我这个孩子到底犯了什么事儿，她不明白，我们都不明白。她也不好问，我也不好跟她说什么，我怎么说！这样子我母亲病死在昆明，这我清楚，纯粹是吓死的。不过那时候我倒想得开，这事儿你硬顶也没什么用，我只能逆来顺受，爱批就批，爱斗就斗吧。

现在想起来，那些年轻的孩子，所谓的造反派，他们也不懂，跟着瞎起哄，瞎喊口号。看别人都在斗，跟着乱斗一气，我相信他们这些造反派现在也能够了解跟错了。所以这段历史说起来是"文革"的问题，"文化大革命"没有给中国带来什么好的结果，纯粹是瞎胡闹。这十年"文革"是

1966年，母亲和小东（右）、小南（中），摄于昆明

灾难性的，经济已经到了崩溃的边缘，年轻学生们免费地坐火车，全国乱跑去煽风点火。后来中央做了决定，《关于建国以来党的若干历史问题的决议》，可是"文革"对中国整个从经济、文化、教育方方面面，实际上都是个大破坏。所以中国的革命不容易，付出了多少代价，死了多少人！

今后适当的时候，我想党中央会再来思考和接受这个教训，因为损失太大太大了。但当时有一个很奇怪的现象，我们所的生产没停，疫苗还在生产，发到各个地方，他们照样去免疫。当然是受影响，反正我们的生产没有全部停下来，这详细的情况我就不知道了。我当时不管事儿了，那时候我得靠边站，所谓靠边站就等于把我副所长的职务停了。他们给我打发了，到猴舍去喂猴子，干这个去了。

造反派说我是"苏修特务"。那时候我们跟苏联关系很僵，我们叫苏联"修正主义"，把我也打成"修正主义"，批来批去。其实现在想起来可笑，这些造反派孩子，他们什么也不懂，跟着瞎起哄，因为时髦。所以我也没理会，你们愿意怎么说怎么说，愿意怎么批怎么批。你想想老舍先生都投湖自杀了，年轻的造反派这么侮辱这位老先生，这些年轻人懂得什么呀！

孩子没人管，跟着幼儿园走。那时候孩子们在幼儿园也造反，孩子跟

1960年，昆明所以前的幼儿园（图片由中国医学科学院医学生物学研究所提供）

现在已荒废的幼儿园，摄于 2016 年

孩子也是分派。当时医学科学院也在"文化大革命"当中，老院长也是挨批、挨斗，过了一段时间，高潮慢慢慢慢地下去了。后来医科院知道我在那里的情况，就把我调回来了。

1971年，我调回北京，安排在医学科学院。当时"文革"的高潮已经往下走了，这些孩子们折腾得也可以了。年轻人就跟着潮流走，谁喊打倒谁就打倒谁，那时候喊口号，谁反对毛主席就打倒谁。

就这样有一天算一天。我们回到了北京，"文革"照样继续。在1974、1975年那时候，这个折腾慢慢算是收敛了。

2. 隧道的尽头是光明

我们那时候所受的教育，完全是党的教育。我是1948年参加的地下党，党组织给我的教育很深，那时候的教育不是书本，完全是参加革命斗争，我们学生就是搞学潮，搞学生运动对抗国民政府。同学们自己组织起来，读一些马列的书，毛主席的书，这样子慢慢走上了革命的道路。在大学期间都是同学互相之间影响，当然地下党也做了工作，后来我也参加了党，参加了组织，慢慢建立起来革命的人生观。

那时候跟别人不一样，我们所追求的不是个人的利益，不是名和利，是为了贫苦大众能够得到利益得到解放，我们受的是这样的教育，可以说是党组织教育和培养了我。那时候国民党统治着，我们老师谁也不敢出来谈这个事儿，都是靠自己，靠地下党来组织。后来我参加了工作，从北京医院到了大连，以后送我出国到苏联去学习进修，回国了以后又回到中国医学科学院，从事病毒学的工作，后来又到了昆明这几十年。

所以我从事这项工作是铁了心了，就是要给老百姓谋健康，要干一辈子，矢志不移。我从那时候起一直到现在，始终是跟着党走过来的，随着整个革命形势的发展，这是必然要走的一步。要是当时没有入党，我不知道我的一生会是什么样子，那就很难说了。我觉得我毕业以后走过的这条路，走得挺充实的。

"文革"期间批斗实在没词了，说你是共产党员，那你有什么证据？我说我的介绍人就是某某某，在北京。他们就派人去北京外调，调查到我的介绍人。后来有一天昆明所的一个同志对我说，他说顾所长（那时候我是所长），他说他们出去调查了，被调查那个同志，他不承认介绍过你入党。我后来想，他不承认可能有两种情况：第一种情况，因为时间太久了，他的确不记得当时介绍我入党了，再一种可能，他害怕了，他害怕顾方舟真的有什么事儿，他不敢实话实说。可是没有介绍人那我不就瞎了，我没有介绍人还行？我这不是说的假话，因为我们地下入党没有书面的材料，没有发党证这些。就是凭着介绍人介绍，然后考察了我三个月，地下考察还不能明着，得暗中考察，三个月以后转正，转正以后就成为中共的正式党员。

在这一点上我始终坚持，我就是1948年成为预备党员，三个月后入党的。听说后来造反派他们又去北京调查，还是找的张硕文。当时"文化大革命"的火已经慢慢降下来了，他也回忆起来了，是有这么回事。"文革"那时候乱七八糟，没有组织的委托、委派，自己就出去调查，谁敢说真实情况，说是不行，说不是也不行。所以我假党员的身份就搞清楚了，这样就叫解放出来了，解放出来就是历史上没什么问题了。大约是2013年，我们还到张硕文家里去拜访过他。

当时大家是在响应主席的号召，怎么能怀疑"文化大革命"呢？只有顺从，怎么说就怎么做，因为当时大家都不明白。现在好了，大家都明白过来了，等于是党中央承担了责任。那时候毛主席怎么说怎么对，我们对党从来没有怀疑过。我看巴金的《随想录》，他建议要成立一个"文革博物馆"。可怎么成立？"文革"这个问题那么一个决议就算是交代了，现在谁都不提这个事了，有人负责就行了。

所以在"文革"这段时间里头，我慢慢就明白了一个道理：我们中国的革命绝对不是一帆风顺的，建国了以后也不是一帆风顺的，要经历很多的考验，而且要经历若干若干年才能实现目标。现在我们找到了一条正确的道路，中国特色的社会主义道路，这是邓小平同志的功劳，我们说小平同志伟大，伟大的地方就是在于他突破了旧的框框。中国特色的社会主义，现在还得慢慢地去实践去实现。现在习近平同志领导的党中央，也在摸索这条路。中国的特色不同于苏联,全世界有很多国家都说自己是社会主义,但是咱们要走自己的路,所以我们要总结要回顾要研究,这条路怎么往前走。

我活了这么大岁数,感觉到中国有希望,因为我们已经提出来中国特色的社会主义道路。现在我们的国际地位、国际声望,我们的国家力量,不论是文化、教育还是军事,都跟过去大大的不一样了。我们国家现在的军力连美国都不敢小觑,我们现在真正牛在这个地方。不像以前,净挨欺负。现在我们不打第一枪,但是像在南海你要敢动,我们就给你点颜色看看。

所以我跟我老伴说,我们能够活到今天,已经看到了希望,隧道尽头已经有了光亮,不会再走错误的道路了,顺着这条路走下去,我们中国大有希望。为什么现在美国拼命地反对我们,为什么日本害怕我们,现在我们经济总量排世界第二位,说不定过几年,我们就超过美国。因为我们中国现在走的这条道路,我们敢于挺起腰杆跟他们说不。我们现在还要加强国内的建设,努力实现两个一百年目标。所以我们感觉到有奔头,以后靠你们这一代了。你们要好好地学习中央的文件,不要为过去我们的一些错误困扰,错误在所难免。这么大的国家 14 亿人口,大家能够吃饱饭,有工作干,而且不断地往前走不容易。

9月8日~9日 阅读"胡锦涛在新时期保持共产党员先进性专题报告会"的讲话.

从讲话开头，得知中央从2004年11月7日起下发了"关于在全党开展以实践"三个代表"重要思想为主要内容的保持共产党员先进性教育活动的意见." 2005年1月5-6日，中央还专门召开了动员会议，对这项工作进行了部署。可见，党中央对此十分重视。

这个报告会是向(中央和国家机关)党员开的。省、市级教育活动要到期以后党政机关和部分企事业单位实行。

报告中提供了一个数字：部级干部 700多人，司局级干部 5800多人，处以下干部 190000多人。胡锦涛说："抓好中央和国家机关先进性教育活动......对于抓紧党和国家的各项工作，具有十分重大的意义。"这一点，大家都会赞同。近些年来，因某些重要同志有组织基于权力党同伐异的恶劣投资。

这个讲话一共16240字，四个大问题
一、党的先进性建设是关系党和国家生死存亡的根本性问题
    四点重要指示：
    1. 加强党的先进性建设，抓住无产阶级政党质量生长的根本性建设.
    2. 加强党的先进性建设，需要同实现党的历史任务紧密结合起来。
    3. 加强党的先进性建设，主体的，持续不断积极状态的基础上，必须要有观念.
    4. 加强党的先进性建设，是必须把以进党的建设的长期化和永恒得详细毅.
二、深刻认识开展先进性教育活动的重要现实意义。
    改革开放以来，党已经发生了巨大变化，截止2003年底，党员6823.2万名党员，党14大以来入党的2333.3万，35岁以下1529.7万。
    长征胡锦涛说，由于多方面原因的影响，党员队伍中还存在着一些同党员先进性的要求不相适应、不相符合的问题。有的相当严重。主要表现：①理想信念不坚定，对共建设中国特色社会主义信心不足。有的甚至存在"信仰危机"②没有全心全意为人民谋利益的责任，放松对党员一切标准的要求，对个人名利斤斤计较，放弃共产党员的称号资格；③纪律观念淡漠，有的不遵守党的纪律纲领，对党的路线方针政策和中央的决策阳奉阴违，有言在外；④不讲党性，不讲原则，热衷评头品足，挑拨是非，有的党内结成老乡会，不搞五湖四海不讲党的组织原则；⑤对国内外各种大量差距变得不理想，一些违法乱纪问题屡禁不止，找不到理想不振，极少数甚至与继续堕落。

他归纳六点危害：①同志理想信念差变化，方此党是记要信念淡化；②奉侍的同志变化的局；人生观，价值观扭曲；③破坏党员生产活动，大张体面；党和党的先关失去信心；④危害党的总统工作原则；⑤影响政绩性是民的思想违规；⑥使党不容对党员教育归不学。

三、深刻理解和准确把握、新时期共产党员保持先进性的基本要求
    ①始终理想信念，坚定不移地为建设中国特色社会主义而奋斗
    ②坚持理论指导，扎扎实实地推进实践"三个代表"重要思想的要求。

— 2 —

2005年，顾方舟的党员学习记录手稿（部分）

3. 协和的"三严"学风

我从昆明回来后,在医学科学院当副院长,再以后又当院长。中国医学科学院下面有十来个研究所,临床方面就有阜外医院,阜外医院是心血管病研究所,肿瘤医院是肿瘤研究所,我们这个脊髓灰质炎研究所在昆明。这么多的研究所各自有独立的行政系统,有科研处,有具体的机构,所以我们平时主要是每一年或者是半年去了解一次情况,或者他们交报告来。我们也在摸索一条路,就是怎么样来培养我们中国自己的科学技术人才。协和的人才培养分两部分,一个是本科生,仍然还是实行八年制。之所以要八年制,就是要培养出一批所谓的精英人才,让他们多读点书,多接触实际,多做一些实践,要培养这么一批人才。第二就是带研究生,他们自己选一个题目,或者老师给一个题目,让他们学会怎么样思考,怎么样设计,怎么样分析研究的结果,怎么样做出结论,这一套研究方法也是要培养出一个有科学思考能力的人才。培养出一批这样的人才很不容易,能够自己提出问题,然后提出解决问题的方法,能够设计实验来证明或者是推翻它,这个都需要培养。所以我们协和医科大学或者是医学科学院,主要的任务就是培养人才,当然出科研成果也很重要,在培养人才的过程当中,同时就会出成果了。所以必须要经过严格的训练,不能马马虎虎抄了别人的就蒙混过关,那不行,发现的话就要开除。

另外操作我们也要考察。做医学的话,操作很重要的,外科研究生要是不会开刀那叫什么研究生。特别是我们搞病毒的,做实验做论文都要用

20世纪八九十年代顾方舟院长在中国医学科学院办公室

1988年，中国医学科学院院长任命书

2017年，被评为北京协和医学院一级教授

小老鼠，或者用兔子，就是这些动物，他们得学会动物实验的技巧。你不会做动物实验，连小耗子都不敢拿，叫什么研究生。医学是讲究实验的。协和的学风就是"三严"——严格、严谨、严密。

我自己带的学生不多，大约七八个，现在大多数都在国外。最近还有人从美国给我写信来，从他们给我的信来看，在外面混得都不错。彭小忠在国内，他现在经过十来年的锻炼，读研究生做论文，后来带学生，现在在中国医学科学院基础医学研究所担任副所长的工作。

我们跟国际学者来往交流，真正深入地谈到学术问题比较少，除非召开一个学术会议，让他们来讲来辩论，我去访问更多的是跟他们科学家个人之间交流。我的印象是，美国的医学研究也好，欧洲的也好，他们的工作确实比我们做得要多要好，我们不能不承认这一点。但是我们怎么样能够赶上去，那就要看你怎么样抓住最关键的问题，看出去访问的人有没有这个能力来吸收他们正确的地方，能够把它和我们国内的情况相结合。必须要提出自己的主张，绝不能人云亦云，认为外国人说得都对。我印象最深的，当然还是1960年在苏联莫斯科召开的关于脊髓灰质炎免疫问题的会议。所以我从苏联回来后，在国内的生物制品界做了一次学术报告，介绍了脊髓灰质炎死疫苗、活疫苗的情况。现在看来，我正确地选择了减毒活疫苗的技术路线，推荐给了国家，后来我们国家也吸收了我的意见，建立了昆明所，也建立和实践了免疫的方案、免疫的策略。

我们国家在脊灰方面的成功，实际上也影响了其他国家。后来美国活疫苗的发明人赛宾到中国访问，他也到了我们医学科学院，我跟他见的面。他很惊讶，你们中国怎么能够无脊灰，怎么做到的？我说用这个疫苗。我就把我们的情况跟他介绍了，把我的论文也给他看了。他们都很担心这个疫苗用得广泛了，怕毒力返祖，他这个问题没解决，后来我们解决了。他点头说，你们做到了，我们还没有做到。他说没有做到，是指在发展中国家这个疫苗怎么样来使用，他们没有这个经验。印度的使用就很晚了，由于我们大规模的人口服用活疫苗，把这个病压下来了，他们才开始敢用活疫苗，这个外国也不能不承认。所以除了苏联，我们是第二个大规模使用活疫苗的国家，而且实现了无脊灰的目标。所以学习外国的东西，不能他们怎么样，我们就怎么样，因为国情完全不一样，要学习它最精华的部分，变成我们自己的。

证实委员会主要是看一批一批的疫苗生产出来，分发到各地应用完了以后，各地要把发病情况的资料报上来，我们通过这个证实疫苗是可用的。开始的时候是疫苗每生产一批都要有这样的报告，后来随着我们生产检定方法的完善，就可以不用每一批都上报了。

那个时候卫生部、生物制品所每年都有人下去，要了解各地使用疫苗以后的情况，有的地方同志也来了，大家就报告，然后有人提问、回答。后来经过讨论，这些材料都是可信的，就证明这个脊髓灰质炎活疫苗是安全有效的，最后大家签字认定。证实了消灭脊髓灰质炎，这对咱们国家包括世界都是一件大事，我当时心情很激动，证明我们的工作是有效的，连世界也认可了。

北京有世界卫生组织在中国机构的工作人员。它要证明一个疾病在全球消灭，就要到各个国家考察，了解情况。就好像消灭天花一样，怎么证明消灭天花了，就是世界卫生组织分别派出小组，比如到中国来，来看街

1998年，担任国家消灭脊髓灰质炎证实工作委员会委员

上有没有人得麻子，看麻点，一问是什么时候的。后来证明中国确实是从 20 世纪 70 年代就没有天花了，小儿麻痹也是一样。

我从昆明回来后还做了关于肝炎方面的研究。国外有一个机构叫 CMB（美国中华医学基金会），给了协和医学科学院一笔钱，来研究和预防肝炎的问题。这是我们很重要的一个项目，是我主持的，大概是五年时间。我们医学科学院有好几个研究所研究肝炎的问题，参加这个肝炎项目的其他机构也不少，上海的、杭州的单位都有。可是肝炎比脊髓灰质炎要复杂多了，中国是肝炎大国，有甲型肝炎、乙型肝炎、丙型肝炎、丁型肝炎、戊型肝炎这么多种，病毒还都不一样。这个项目开展了以后，取得了部分成果，包括出了一本论文集，里面涉及流行病学、临床、血清学等方方面面。这个项目还支持了好多医学院校开展肝炎研究项目，他们都觉得受益匪浅。我们还开过一个学术会议，大家来报告，都做了什么工作，还有什么问题。

现在甲型肝炎已经没太大问题，有疫苗了，可以控制了。乙型肝炎困难大一点，现在发病率也有下降，丙型肝炎会通过母婴传播，在这方面也采取了一些预防的办法。所以我当院长那段时间，除了小儿麻痹以外，肝炎是一个大问题。现在我们国家肝炎的发病率维持在一个比较低的水平。大家最害怕的是乙型肝炎，现在乙型肝炎有疫苗了，也在纳入国家的免疫计划里。那个时候还有一个问题，输血得要特别注意，一些大医院给别人输血，一定把需要输的血检查得非常彻底，一定是没有肝炎病毒的血给人输。现在到献血站献血也一定得查，咱们国家肝炎那么多，献血精神很好，可是不能把肝炎病毒传给人家。还有一个是母婴传播，就是妈妈是有乙型肝炎或者是丙型肝炎，它能通过脐带血、脐带感染给孩子，这个问题现在也在解决。就是事先得要检查清楚，妈妈有没有肝炎感染，分娩以后婴儿该怎么样处置，这些年都注意这个问题了。但是现在肝炎仍然是我们国家一个很大的问题，它现在病情是降下来了，但是远远没有解决，现在肝炎病人还是很多，还需要非常重视。

北京市科协下面有许许多多专科的学会，我们医学方面也有一些学会，所以我当时做科协主席的时候，要召开医学学会，听他们汇报做了什么工

六　一辈子，一件事

作。学术会议最重要，这是交流学术思想的场合，学会主要的作用之一也是做这个。

现在情况有了很大的变化，特别是最近，中央都提出来要关心学术的问题，所以学会会议是非常重要的一个环节。作为科学技术学会，一年不召开几次学术会议，不了解国际情况，不介绍国内情况，怎么知道差距在哪里，成绩在哪里，这样怎么搞科学研究呢！所以这是一个非常严肃的话题，不是说成立了一个学术协会就了事了。

要培养新生力量，在硬件上，包括经费方面多给些支持。另外不要怕实验的失败，或者是没有结果。科学是个探索性的工作，也可能探索一年两年什么都没有，或者是我原来的设想没实现，不要成天找他要一个具体的成绩，研究人员一年两年的时间他拿不出来。要允许他们失败，年轻人像我那时候谁有把握一做就成功，我的设想一定就能实现。只要他的思路对头，方法对头，失败了不要紧，失败了再继续做。做科学研究是一个特

2001年，郭仁所长写给顾方舟的工作信　　2001年，董德祥写给顾方舟的工作信

别枯燥的过程，每天可能就是做重复的事情，同一个数据要实验几百遍、几千遍才能有一个结论，必须要耐得住寂寞。

  我还没退休呢，还在岗位上。他们有时候有事情找我咨询咨询，问一问。现在因为年龄的关系，我很少参加各方面的工作，主要是给他们牵牵线，搭搭桥。

  我对政治非常关心，我觉得一天离开这个，自己就像生活在真空当中，这不行。我得知道国际的情况、形势，国内的情况、形势，我跟我老伴经常谈这些事儿。

  我这一路走过来，大家也都认可，说老顾在这个问题上做了一定的贡献。困难在开头的时候，在云南建昆明所的时候，这是最困难的。因为从硬件来说，实验大楼、生产大楼怎么建都要听我的，我怎么来设计，仪器设备得要我提出来，人才得要我带领来培养，一切都是白手起家，从头开始。可是那时候年轻，初生牛犊不怕虎，再困难也能想办法解决。好在我们有一起到苏联参观学习的几位同志一起打拼，当然也离不开卫生部的支持，没有上边的支持，一动也动不了。

七
我眼中的世界

1. 生命只有一次

对一个人来说，生命只有一次，怎么样过好这一生，这个问题就涉及到人生观和世界观的问题。过去上大学的时候，开始我们这些同学也不太懂得世界观、人生观这些，因为没有这门课，没有老师给你讲。怎样活着，以前没想过这个问题，上医学院念书当医生，这是我母亲一直教育我们的，要做医生，救人，可是没有跟革命联系起来。当时还没有解放，但是我们同学里头有地下党的党员，开始接近我们，给我们介绍一些书。真正知道一个人怎么样度过自己的一生，是在入党前后。奥斯特洛夫斯基写的《钢铁是怎样炼成的》你们都看过吧，他跟着苏联当时的红军打仗，以后受伤了，最后眼睛不行了。后来他从事写作，回忆他的一生，那本书给我们这些年轻的同学们很深的影响。

后来慢慢就看一些进步书籍，《钢铁是怎样炼成的》是一个，另外还有艾思奇写的《大众哲学》。《大众哲学》里面主要讲的就是人活着，为什么活着，为自己还是为别人，还是为更广大的老百姓做一些好事。所以那个时候朦朦胧胧地有一些认识，原来中国要走什么路，走哪条路，国家怎么样能够富强。过去从来没有想过这个问题，过去中国受日本的欺负，国民党腐败，我们总觉得中国这一百年、二百年一直是抬不起头来。所以一些进步的同学，就组织我们周围这些没有入党的同学来讨论，我前

1997年，什坊院医疗队部分队员50年后在北医重逢（右3：顾方舟）

面说过就在什坊院。我的同学彭瑞骢[①]，他就带着我们几个同学，还有一些其他人，一起到那去。我们也下乡去巡诊，去给老百姓看病，只是假借这么一个名义，实际上是地下的活动。彭瑞骢后来是北大医学院的党委书记，他当时就是地下党员。

什坊院这一段时间，给我们几个同学印象非常深，教育也非常深。那个时候我们白天下去巡诊、看病，或者是发药，或者是发一些毛毯给穷人，晚上就组织大家学习。学《大众哲学》，每个人都得谈，人生是怎么回事，大家自己说，同学互相之间来讨论。学习毛主席的《中国革命和中国共产党》，学习毛主席的《目前形势和我们的任务》，还有一些其他的文章。这些东西在城里，或者在学校里，是不能够公开的。可是我们是在那么一个偏远的农村，所以同学们晚上能互相学习。

什坊院的这一段经历对我影响确实很深，那时候慢慢学习了以后，才

[①] 彭瑞骢（1923—2015），著名医学教育家。1946年开始在北京大学医学院工作，历任党总支书记、党委书记等职务。他选择了社会医学与卫生事业管理作为自己的专业方向。

知道什么是中国革命；慢慢知道了一个人应该怎么活着，活着是为什么。像这些问题都是在晚上讨论的时候，大家互相提问题，互相说自己的看法，同学们自己来解答，用这么一个方式学习和思考的。我慢慢感觉到过去自己有一些思想是不对的，完全是为了自己，为了以后怎么样能够过得好。经过什坊院这段时间，我慢慢才懂得了，一个人活着不光是为自己，还要为大众。本来医学就是为了老百姓，如果学医学毕业了以后，完全只顾自己赚钱，只为了自己，那不对，学医学更得关心老百姓的疾苦。这才慢慢慢慢把这种思想拧过来。那时候是旧社会，都是为自己的生活奔命的，没有谁说我要怎么样怎么样为了别人，为了大众。所以我自己人生观的初步建立，就是这时候开始的。不是一下子就明白了，我要为劳苦大众，当时懵懵懂懂的，后来慢慢看书、讨论，渐渐树立起一个革命的人生观。

我真正懂得这个事情是在1947、1948年解放前夕，那时候咱们解放战争节节胜利，北平城里人心惶惶，担心共产党会不会打北平。当时我受地下党的影响很深。我住宿舍，同学们都住在一块儿，我们在中南海宿舍成立了一个学生自治会，自己管理自己。因为北大医学院是公立的，当时有一些补助，现在叫助学金，我在医学院的生活费也有一部分来源于这个。

这个自治会包括伙食，食堂是我们自治会来管，学校出一部分钱，同学们拿出一些钱来办食堂。我在自治会管这事，后来才知道，主要是地下党的同学在组织和管理。管食堂得有公心，不能有私心，从管理这个学生伙食开始慢慢接触这个问题，为大家服务，同时也锻炼了自己。管食堂头一个得让同学们吃饱，还得吃好，学生都不富裕啊，就这点钱怎么把它吃好，这些都得动脑筋。我们宿舍对面有一个小饭铺，有时候我们订餐就找这个小铺子。有一次很有意思，对面的小铺子给我们送包子还是馒头，我点了点数少了几个，后来食堂的大师傅说，这不行，得罚他们。我心想这小铺子也够可怜的，他一天也挣不了多少钱还得挨罚。他说不罚那哪行，明明说好的。后来我们就开会商量怎么办，同学们等于是吃亏了，后来商量的结果是，这回不罚了，下回让他多送几个，但是要贴出布告去，说今天是怎么怎么样，里面有什么情况，要说清楚。

这个给我印象很深，群众的利益不能够马虎，因为这不是你个人的利益，是大家的利益，所以也不能只考虑给这个小铺留情面。别看是小小的食堂的事，就是通过这种社会活动锻炼了自己。还有一次我记得比较清楚的，电影院演一个电影，大家都说要去看。大伙有的有自行车，有的借自行车，就一起骑车到那个电影院。到了电影院以后，自行车怎么办呢，存在那个地方得花钱。后来我自告奋勇说我来看自行车，你们去看电影去。同学们都没说话，我一个人就把所有的自行车都归在一块，义务地给大家当了一回管理员。

我是后来才知道，当时地下党会有意识地组织大家开读书会，只能找信得过的同志，这也是发展地下党员的一个方法。这使我想起来有一个事。我们宿舍旁边有一个女子中学，这女子中学里有一些女学生，女孩子到了高中的年龄会有谈恋爱的倾向，她们总爱跑到我们宿舍。后来党组织就说给这些女学生讲讲政治形势吧，解放军打到哪了，怎么怎么样了。他们商量说让我去给她们讲，可是我正好那一天突然接到一个事，去不了了，就换了一个人，到一个女同学家里去讲目前解放的形势。后来这个事让警察局知道了，警察局怎么知道的呢？因为有一个小警察和这家女孩子谈恋爱，他要找那个女孩子，就说那里头有共产党活动，乱告了一气，结果就把他们几个人抓到警察局去了。那个同学真的是地下党员，他说没有什么活动啊，我们这是给同学补课来了，讲地理来了，讲地理课可不就是讲形势进展到哪里了嘛。后来没有问出什么所以然来，把他们放走了。我回来听说这事，想着要把我抓进去不知道怎么样呢，我那时候还不是党员。所以通过这些地下的活动，从那时候开始知道，共产党是怎么回事。

人生观主要是解决一个人的一生究竟应该怎么活着的问题，所以对我影响最大的，就是这段时间。我后来选择了公共卫生，选择了做疫苗，也是受了这个影响。

我大学的时候，看的书挺多的，逮到什么书就看什么。当时也没有钱买书，只能同学有什么书拿什么书看。印象最深的还是苏联的小说，中国有个翻译家叫戈宝权[①]，他是一个外交家，也是个翻译家，他翻译了好多苏联的小说。苏联小说对我影响很大，像高尔基的《母亲》，还有《钢铁是怎样炼成的》，它们都是进步小说，苏联的小说影响了我们整整一代人。我没有别的嗜好，就是看书，当然书里头有好有坏，不过那个时候自己已经有了辨别的能力了。

我非常怀念我的妈妈。前面说过，她吃了很多苦，就是为了我们读书，能够念大学。她说当大夫好，人家求你，你不求别人，生活稳定，是这个思想，我们的母亲是旧社会、旧时代的观念。后来我入党了，我的思想更先进了。要树立一个正确的革命的人生观，不是太容易，因为外界的影响很大，诱惑也很大，有时候你想要那么走，外界这些影响，让你不能这样。所以要坚定一个人的人生观，那更不容易，必须经过对外界影响的抗拒，有的时候你甚至觉得受到诱惑。就在这样的斗争过程当中，慢慢地来建立和完善自己的人生观。我跟我老伴就是在这个问题的讨论当中，慢慢建立起来的感情，所以我们两个人可以说是志同道合。一个人坚持一时的、正确的世界观、人生观不那么难，要坚持一生那不容易。

[①] 戈宝权（1913—2000），笔名葆荃、北泉、北辰、苏牧等，江苏东台人。著名外国文学研究家、翻译家，苏联文学专家，也是新中国成立后派往国外的第一位外交官。

2. 人生的砝码

　　我觉得最好的最值得自己骄傲的，就是选择了公共卫生，选择了公共卫生的疾病预防，而且贡献了自己的一些力量。我们引进了脊髓灰质炎疫苗，亲手把它建立起来生产线，把这个疫苗用到我们孩子的身上，而且起到了效果。现在小儿麻痹在国内已经没有了，就因为疫苗的服用，小儿麻痹不敢说全世界都消灭了，但起码在我们国内这个病已经被消灭被控制了，世界卫生组织都已经认可我们，这是最高兴最高兴的事。虽然这个工作不是我一个人做的，但是我起到了一个带头的作用。中国是个人口大国，是发展中的大国，能够做到polio-free，这是很不容易的一件事情。这事让我有一点成就感，我给老百姓做了一点事。一提起这个事，别人会说这是老顾他们那一伙子人，他们的团队做的事。我在昆明建的生产基地，现在还在继续生产，我们几个人就像栽树似的，现在它长成一棵大树了。现在的昆明所，我们打下的基础，每年有上亿的产值，所以我最高兴的就是这个。我对别的吃、玩儿都没有太大兴趣，当然我也很爱文艺，爱看书，看历史小说什么的，但是最重要的是我为在中国消灭这个病，尽到了一份力量。

　　我能够把自己的才能、自己的力量、自己的知识，奉献给国家，奉献给老百姓，能够争取到这样的机会，能够有机会奉献，这很不容易。当然这是在平时，在战时就更这样了。牺牲了这么多的战士，他们奉献了自己的才智，甚至自己的生命，我们应该向他们学习。所以要问起我最骄傲的事，就是我做到了我能够做到的事，而且社会上和党组织认可了，老顾还是不错，我这一辈子没有白活。

　　人性中最丑陋最丑陋的就是自私，就想着自己，人怎么能光为自己呢？而且还冠冕堂皇地说，人不为己，天诛地灭。自私引起很多的问题，矛盾、斗争都是自私引起的，现在国际间都是这样。一个人自私，一个民族自私，一个国家自私，都没有好下场，我们恨的就是这个。所以，我们入党以后，组织一直教育我们，人不但不能自私，而且要大公无私，要把自己奉献出来，把你的一切奉献出来，为了周边的老百姓。要不然你活这一辈子，临死以前，你想想这一辈子，什么也没干，就为自己了。最丑陋的人生观就是自私自利，当然也不能说自己穷到没吃的，那你也没办法去帮别人。

　　人之初我是赞成性本善，因为人一生出来，起码到五六岁，还混混沌沌的，好坏他不分的，好坏不分说明从本性来说他是善的。坏，坏在哪呢？后来他坏了，是受到周围环境各个方面的影响。近朱者赤，近墨者黑，这个道理我是很赞成的。罪犯不是从小就坏，他是学坏的，看他周围的人、周围的环境。这就说到我们的教育，教育是一个天大的问题。孩子需要从小教育、塑造，我说的教育，包括父母的教育。孩子一出生，都以父母作为自己的榜样，爸爸怎么说的，妈妈怎么说的，父母以身作则，孩子都看在眼里，所以对父母的教育是非常重要的问题。我们现在的社会教育还得改善，年轻人不教育不行，就像一棵树，你让它自己长不一定成材，必须有园丁在那里修枝、培土、施肥。现在看起来，教育仍然是我们的一个短板，国家投入的还是不够，你看有些农村里头小学的房子都没有。说到教育，还要培养大批优秀的师范老师，要提高教师的待遇，要让教师这个职业受到社会的尊重。现在谁看得起教师？是看得起大款，还是看得起教师？所以教师在社会上的地位还不够高。要做的事太多太多了，得慢慢来。因为我们中国封建主义的时间太长，封建意识在老百姓脑子里面还是太深，这是第一个；第二我们新中国才成立六十多年，时间还太短，我们的经济刚刚开始好起来，所以各方面投入都需要很多，军费要投入，经济要投入。我说投到教育的还不够，可是你真到财政部长那里拿钱，还真得掂量掂量，这点钱究竟够干什么的,很为难的。

　　生老病死,这是自然规律。一个无神论者,应该很坦然地面对死亡,没有一个人说我能够长生不老,不可能的,一个人终究有一天要离开这个世界。所以更得要注意,你给这个世界做了什么事,做了什么好事。当他回首往事的时候,不会因为虚度年华而悔恨,因碌碌无为而羞愧。苏联作家奥斯特洛夫斯基说的这段话非常非常好。[1] 所以一个人活在世上,你给这个世界,给人类,你做了什么,留下了什么,这是你所要考虑的。有人有那样的人生观,追求享受,拼命地弄钱,吃喝玩乐,可是这种人临死的时候,他稍稍有点良心的话,他就知道他白活了一辈子。

　　我希望面对死亡会坦然一点。起码不觉得愧对老父老母,愧对孩子,愧对周围这些人,没有遗憾。我活这一辈子,不是说从别人那里得到了东西,而是我自己给了别人什么。

---

[1] "生命每个人只有一次。人的一生应当这样度过:当回忆往事的时候,他不会因为虚度年华而悔恨,也不会因为碌碌无为而羞愧;在临死的时候,他能够说:'我的整个生命和全部精力都已经献给了世界上最壮丽的事业——为人类的解放而斗争。'"（〔苏联〕奥斯特洛夫斯基著:《钢铁是怎样炼成的》,梅益译,人民文学出版社 2012 年版,第 278 页。）

3. 理想照进现实

刚刚过了七一，纪念党的生日。我是1948年入的党，到现在也已经有六十几年了。1949年毛主席在天安门城楼宣布我们中华人民共和国中央人民政府成立的那天我在场，在城楼底下，后来跟着大家一起游行。新中国成立这60多年，道路并不平坦，走过来可以说是坎坎坷坷。我们经过了多少事，不用说别的，就说这三年自然灾害，全国饿死了多少人，我们说是自然灾害，其实这里面有人为的因素，同时党内也不是没有矛盾和斗争。所以现在我再回过头来看《关于建国以来党的若干历史问题的决议》就明白了，我们所走过的这条道路是不平坦的。我们现在处在社会主义的初级阶段，要时刻保持清醒。美国说中国了不起，它捧我们，军力多强，中国是第二大经济体，中国这个那个，但它很清楚我们的真实状况。咱们国家没有那么强，将近14亿人口，还有多少人没有吃饱饭，还没有完全脱贫呢。我们就那么多的耕地，人又那么多，我们想要达到小康，那得经过多么艰苦的奋斗。现在十八大开完了，要争取在2020年达到小康。所以我觉得我们的年轻人，脑子要特别保持清醒，绝对不能够条件好一点了，浪费就来了。最近不是一直在宣传艰苦朴素、不要浪费嘛，糟蹋粮食简直是太痛心了。现在这些大学生孩子们没挨过饿，馒头没吃完就扔了，剩饭剩菜就倒掉了，天天广播电视里谈，我们一年所扔掉的东西够我们两千万人吃一年。我们禁得起这样的糟蹋吗！所以现在还是得教育。

说起来苏联为什么亡党了，为什么亡国了，主要就是他们党中央的领导层里头犯糊涂了，偏离了马列主义，还欺负别人。赫鲁晓夫当政的时候，我们管它叫做社会帝国主义，对咱们也打压。在我们困难的时候逼债，抗美援朝的钱都要我们还，联共党就是这样。我们毛主席不吃那一套，你打你压我们不怕。虽然我对联共党有感情，但可惜了，这样毁在他们这一代上。我们党非常清醒，现在反腐到了深水区了，得把腐败分子揪出来，这回不是把军委副主席揪出来了嘛，我就奇怪他怎么能够爬到这么高的位置呢？

为什么有一些好人变坏了，是因为他对自己要求不严格，一朝权在手，便把令来行。谁也管不了他，一贪就是多少个亿，谁也不敢碰。自私、膨胀，自己管不了自己，再加上老婆在旁边天天给吹着枕边风，子女也跟着，这还有好！所以现在咱们党抓贪污腐败，不管是老虎还是苍蝇，都得打，这才对。现在俄罗斯的贪污也是要命，腐败得太厉害了，所以普京说，我们得向中国学习。

我觉得所谓的西方民主，已经快要过去了，所谓过去就是快过时了，它已经管不了自己了。前一段时间华尔街金融风暴，99% 的老百姓反对，反对他们的国会，反对他们的两党，为什么？发财的都是他们，老百姓受苦受穷，现在有些问题得老百姓慢慢地觉悟。美国共产党现在没有什么大的作为，但是它还存在，还有一帮子人。所以千万别以为西方的民主比我们就好，不一定。但是我可以肯定地说，西方民主这一套，我们中国不能搬，搬过来我们非得亡党亡国不行。咱们还是现在这一套，适应我们中国的国情，要改进我们的制度，监督我们的制度，不断完善自己。我们这 60 多年就是这么过来的，不断地进步，不断地完善。所以我们中国真正要达到小康，或者是达到我们觉得比较理想的一个社会，没有一百年是不行的。

现在我们年纪大了，也使不上太大劲，我每次都说拜托了，靠你们了。你们千万不要被当前有些现象所迷惑，一定要有自己的人生观、世界观。现在每年有几百万人来参加我们党，也有若干人被淘汰掉，不断地新陈代谢，但是主要的路线不能丢。我们中国特色的社会主义，这是一条路线，是小平同志给我们指明的，中国特色在哪里呢？就在适应我们中国的国情，不能离开这个奢谈美国的怎么样，别的国家的我们用不上。

我们党的各级组织，特别是中央这一层，在任期间要组织学习，组织批评与自我批评，习近平同志主持工作以来这个风气慢慢又浮起来了。一个组织，一个党员，如果不经常反省自己，不经常听取别人的意见，就没法前进。意见当然是批评意见，不能光听好的。有的人坐到一定的位置了，必然有一群人来给你拍马，给你溜须。他干吗呀？他是为了自己，跟你关系搞好了，他得益。因此人要经常自我反省，组织也是这样，党的支部、党委，都得要经常反省自己。要做自我批评，征求周围同志的意见，要听得进反对的声音。有的人批评不得，你批评他不行的，老子天下第一，那样非完蛋不可。"文革"的时候就是打了这么一个口号，"谁反对毛主席，就打倒谁"，那不是独裁嘛，谁都批评不了。所以一个党组织也好，一个人也好，一定要多听一些不同的意见，多听一些别人对你批评的意见。"吾日三省吾身"，我每天都要反省反省自己，哪些做对了，哪些做得不对，做到这点不容易。

其实归根结底是人生观和世界观。有了正确的人生观和世界观，其他的一切都经过这个来过滤掉，哪些对哪些不对。我坚持我革命的人生观，对于一些事情有自己的辨别能力。但是在十年"文革"政治高压下，我只能保持沉默，顶多不说话了，不参与那些是非，挨批挨斗不吭气就是了。在十年"文革"当中，多少人受委屈，死了多少人，但是我们挺过来了，就是因为坚持了革命的人生观和世界观。真正的共产党员要具备正确的人生观，要坚持也挺难的。我给你讲个例子。我刚回到北京医学科学院的时候，有一天党委通知下来了，让我们几个到卫生部开会。我就奇怪了，我们医学科学院有自己的党委，有什么大事要到卫生部去开会。当时"文革"期间，卫生部后期是刘××当部长，刘××实际上是执行"四人帮"那一套。到那儿才知道，她是要我们批判当时的卫生部部长，开批判会。我们是下级，我们医学科学院是受卫生部领导的，让我们批部长。可是在当时的高压之下，点着名的让我们去，在会上不应付两句过不去，过不了关。所以有的时候做一些违心的事，现在想起来，真是违心，你不能说真的。当时是所谓的政治高压，你一个党员不听不行，幸好邓小平出来主持工作了以后，整个又给它拨乱反正了。

所以中央千万不能出事，中央的集体绝对要坚持正确的思想路线、政治路线和经济方针，我们这个教训太多了。不过我坚信，我们中国共产党有力量、有能力，来自我纠正错误。第二个是要正确地使用干部、教育干部、培养干部。一个村长可以上亿的贪污，这是干部的坏作用，好作用也一样，所以一定要慎重再慎重地来选择干部。不能看他一时一事的表现，要长期地考察。我有时候说很幸运，像习近平同志，前面的胡锦涛同志，他们都是好干部、好同志，我们中国共产党是大大地有希望。我入党60多年，见过的事情太多了，我们有这个能力，来辨别谁好谁坏，我对我们中国的政党，始终是抱着很大的希望。

我是共产党员，我当然知道，最后我们人类必定要实现共产主义。关于共产主义这个说法，现在有一些讨论，有人说不应该叫共产主义，应该叫社会主义或者叫别的。我觉得不要去死抠这个名字，拿中国的话来说，就是要达到世界大同。共产主义那是马克思的话，它意思是要人和人之间没有剥削，人与人之间都是平等的。我们刚刚开了一个纪念五项原则的会，习近平同志做了一个非常精彩的报告，就讲这五项原则。我们不引领全世界也不行，大家都要问你中国共产党怎么想的，怎么治理国家，怎么管理八千多万党员，都来问我们，我们也是诚惶诚恐。我们家里的事还一大堆，但是你不管不行，人家都来找你。小平同志为什么说了，中国不要当头儿，这句话说得非常深刻。那时候苏联赫鲁晓夫抢着要当头儿，结果苏联当了半天自己垮掉了。我们不争取当头儿，我们讲五项原则，大家平等，大国小国都是一样的；当然另外一个是我们必须自身要硬，要强大，要军力有军力，要经济实力有经济实力，你要什么我们都拿得出来。但是我们国家太大了，14亿人口，所以问题还是很多。我们得下力气、下功夫，把自己家里的这点事管好。《红楼梦》里说的，家大有大的难处，不容易。

我虽然在苏联待了四年多，但我接触的范围很小，不能代表整个俄罗斯。俄罗斯人是这样子的，他们的优点是肯干、玩命干。莫斯科有一家医学图书馆，俄罗斯中央医学图书馆，我每礼拜都要去一次，因为我要写论文，我得看文献，一些外文的文献得到那去找。我每次去屋子里都乌泱乌泱（形容人多）的，好多都是年轻的俄罗斯人，他们工作非常努力。不过同时我感觉俄罗斯的知识分子仍然脱不了大俄罗斯民族主义，因为确实在苏联俄罗斯是占绝对优势的，不管从哪方面来说，这些加盟共和国都得要听中央的，听中央的就等于是听俄罗斯的，所以他们很以俄罗斯为骄傲。一谈到俄罗斯他们首先提的是谁呢？提的是彼得大帝。他们感到非常骄傲，沙皇俄国最强盛最有影响力的时候是在彼得大帝的时候。他们真的为自己的民族骄傲，说到什么都有他们的份，民族自豪感非常强烈。不过我觉得很理解，如果不为自己的民族自豪的话，那这个民族怎么能生存呢？

所以我接触俄罗斯的知识分子，他们的大俄罗斯民族自豪感给我印象很深，我有时候也跟他们小小地辩论一番。我说彼得大帝很伟大，我们的秦始皇也很伟大。他们说秦始皇是谁，我说秦始皇就是两三千年以前，统一中国的一位皇帝，他把道路标准化了，车子规格标准化了，武器也标准化了，把中国统一了。他们奇怪说中国还有这么一段历史呢，我说秦始皇可比你们彼得大帝早好多年。他们对中国了解得非常少，甚至于是不了解，他们只知道蒋介石，知道毛泽东、周恩来，所以有时候我就给他们介绍一下。他们说斯大林和毛泽东是好朋友，所以斯大林一过世，他们很希望能够靠着和中国的结盟，让他们有点底气。跟他们聊天也挺有意思的，他们对中国实在不了解，中国五千年的文明史，中国发明了什么，发明了纸张，发明了罗盘，还有蚕丝，他们都不知道。我跟他们谈了以后，他们回去一找书，发现是这样。

但他们对苏联的领导人很少谈，我曾经问过一个我的同学，我说你对共产主义有什么样的看法？他说：方舟，共产主义早着呢。就这么一句话，多了他不愿意谈。所以我感觉到的是，共产主义的思想，社会主义的思想，并没有真正地落实到他们苏联的知识分子里。后来我侧面地了解到，他们对斯大林说怨恨之情也好，说其他的也好，感情很复杂，他们很少谈到斯大林。斯大林统治时期，杀的人实在太多了，所以他们都不敢碰这个问题，非常忌讳谈到这个。1953年，俄罗斯我认识的一些同学都说斯大林去世了，那国际共产主义运动怎么办呢？看起来是要由毛泽东来接手，就是要毛主席来接替斯大林这个位置，来领导世界共产主义的运动。现在看起来苏联之所以那么容易解体，那么容易灭亡，苏共的党员们一句话都没吭，就这样亡党了，他们觉得不可惜，应该是斯大林的错误太大了，给我这么一种感觉。

不论我认识的俄罗斯民族也好，其他民族具体的一些朋友也好，这些人都是好的，俄罗斯人对中国老百姓，对中国知识分子也是有好感的，他们很希望中国能够强大起来。我很少和他们交谈政治问题，我所交的朋友里面，没有一家没在卫国战争的时候牺牲家人，死的人太多了，所以他们很不愿意谈到这个问题。中国有一句老话叫做物极必反，斯大林当时执行的政策，包括对知识分子的政策，太过头了。虽然大家不敢讲反对的话，但是人心里头都有一本账，究竟谁对谁错。后来苏联垮台了，亡党了，也亡国了，我觉得他们做得也是太过头了，他们把自己否定得一塌糊涂，否定得什么都不是，他得到的结果是什么呢？现在俄罗斯在国际上的影响力已经下降了，我们中国的影响力反而上来了，他们应该也觉察到这个了。普京就比较聪明，他没有把过去斯大林期间的所有东西都推翻，我觉得我们中国处理这个问题比较好，不能什么都一概否定，把自己也否了。

因为有一些共产党员非常虔诚，结果联共党垮台了，他非常失望，非常难过，他就找宗教作为自己的慰藉。俄罗斯主要的宗教是东正教，我不了解东正教是什么，但它是基督教的另外一派。我有一个学姐，她是比我高一班的研究生，她到中国来，一路上一直问我，方舟，你告诉我什么地方有教堂，教堂在哪，我怎么看不着教堂。我心里想，中国教堂寥寥无几，我说你要做礼拜可以，但是咱们过去得好远，西什库那里有教堂。

所以苏联、苏共，一亡国一亡党，好多人没有信仰了，他整个精神世界崩溃了，他精神上要找到一些慰藉，就皈依宗教了。我听着很难过，也不好跟他们说什么，我也不能劝他说苏联共产党怎样。

我是共产党员，是无神论者。宗教实际上就是马克思说的，是人民的精神鸦片。到没有精神依托的时候，就皈依宗教，无非是找到一些精神上的慰藉。所以咱们共产党人不能信宗教，国外为什么鼓吹说我们宗教不自由，他们是用宗教来控制老百姓的思想。中世纪的时候，欧洲宗教是占统治地位的，教堂里主教说了算；从意大利文艺复兴开始，一些中间阶层的人，想摆脱宗教的束缚，所以宗教势力开始慢慢和政治势力分离，但是分得很艰难，镇压了很多次，文艺复兴就是从思想上来摆脱宗教对于各阶层的束缚。欧洲的中世纪很黑暗，宗教统治一切，特别是女性受到的欺凌、压迫更是厉害，跟咱们中国的情况很像。你看中国妇女在过去封建时代受的压迫多厉害，光是缠足这个事情就极度残害妇女，鲁迅写的文章就是反封建。

信仰是属于精神层面的。共产主义是一种信仰，虽然说共产主义还比较远，它之前是社会主义。现在我们说社会主义分几个阶段，我们才刚刚处在初级阶段。初级阶段的意思就是我们刚刚确立了社会主义的信仰，但是要真正实现社会主义，得一步一步走，不能着急。我们新中国成立六十多年了，社会主义初级阶段还没完成，为什么？因为精神层面和物质层面必须同步进行，老百姓如果生活不能改善，他信什么社会主义！老百姓要实实在在的，我得有吃的有喝的有穿的，我才相信共产党宣传的社会主义。我们不能等待社会主义的来到，我们得去争取，我们还得有牺牲，我们得要发展我们的经济，发展我们的生产力，这样才能够一步一步地慢慢实现。现在咱们国家这 30 年发展得很快、很好，可是出了多少贪官，这些人都挺聪明的，要不然他怎么能爬那么高的位置，不过在物质和精神这两个层面上，他没有摆好位置。共产党员在目前的情况下，不能贪图享受，得带头去创造财富，带头为老百姓谋福利。对一名共产党员来说，首先要摆正自己的位置，不能只想着自己。我们经常说的，好干部应该吃苦在先，享受在后。为什么今天我们重新宣传焦裕禄，就是因为焦裕禄同志吃苦在前的奉献精神。兰考县现在很不错，但要不好好治理，照样出贪官，这个层面的事情不能放松。我说现在就好比是整风，每天都打掉一只老虎，打掉好几个苍蝇，这么打我赞成，但是我觉得得稳着点。所以，中国革命的道路，中国梦的实现，中国要进一步强大，不是一年两年、几十年的事，要有耐心和恒心。

4. 预防为主

　　说实在的，我医学院毕业了以后没有当过真正的医生，我是搞研究的，但我还是明白医生和患者是怎么回事。这说简单也很简单，医患关系主要在医不在患，医里头有医生，有医疗制度，有社会舆论，有经济发展的程度等等方面的影响，因素很多。咱们最近不是一直在抓医疗改革嘛，医患医患，表面上谈的是医生和患者的关系，我觉得其实应该放大，因为医院里搞行政管理的人也是医生出身，医患关系应该放大到医务工作者和老百姓的关系，它是个社会问题，是社会和病人的关系。我记得很久以前讨论过这个问题，当时主张医疗工作私有化，就是让医生自己开业，现在医生开业的是多了，中医、西医都开业，但都奔着赚钱去了。谈到这个，我始终主张，要脱开单纯的医生和病人的关系，要看到医务工作者和老百姓健康的关系，最重要的还是要抓预防为主这根弦。

　　防疫工作非常重要，很可惜预防为主这个方针一直落实得不好。最近又开始抓预防了。禽流感一闹，死了多少人，平时不抓预防，临时抱佛脚不行。抓预防为主，里面也有很多问题，预防也就是公共卫生，公共卫生现在应该受到十分的重视。现在世界卫生组织把消灭脊髓灰质炎列为消灭天花以后的第二个病。什么叫消灭？就是把这个病的病源给根除了。天花现在没了，牛痘疫苗生产起来比较简单，开始是用牛，后来用组织培养，用鸡胚就解决了，但是也花费掉了150多年的时间，在全世界才算是根除了。小儿麻痹也是同样的，所以我干了一辈子也就是这么一件事。但是现在还不敢说，脊髓灰质炎已经根除了，前两天我看报纸上报道，巴基斯坦还是哪又有脊灰了，所以这必须要全世界来使劲。可全世界的形势多复杂，还有打仗的呢，所以努力吧！真要是消灭了脊髓灰质炎，下面还等着麻疹呢。

麻疹的发病率已经低多了。过去没有一个孩子没出过麻疹，老太太都知道，孩子得出疹子，不出的话小命保不住，就这么严重。现在麻疹有了疫苗，发病率降了很多，但是仍然有，有的地方还相当严重。又说到经济不发达的国家和地区，他们的钱净用在打仗上了，一个导弹多少个亿，这个钱花在公共卫生方面多好。这是社会问题，有时候我们当医生的，做公共卫生的，没办法。

不管是传染性的病也好，非传染性的病也好，预防是最最重要的。这里面就谈到一个健康教育的问题了，得让老百姓知道怎么样来保护自己，得普及这些知识，得让老百姓都知道。

注射疫苗叫做主动免疫，打了疫苗以后，在你的身体里面能够引起中和抗体，这种中和抗体是专门针对那种病的细菌的。注射了疫苗以后，有轻微的发烧什么的，这都是在疫苗免疫过程当中经常可能碰到的事，发烧几天过去了就好了，所以家长们不要排斥免疫。家长的心理可以理解，但是不接种疫苗，万一得病了呢？有这个可能。你不接受免疫，等于这孩子得不到抵抗力，打了疫苗，孩子 90% 以上可以得到保护，家长们事先了解清楚，就不会有什么问题。除非是免疫的防疫站不小心操作，或者针管不干净，疫苗本身不会有太大问题，没有什么危险。现在为什么国家每年发病率维持在一定的合理的水平，就是因为注射了疫苗的关系，如果国家没有这个措施，那每年得多少孩子得病。预防为主，预防为主啊！

咱们中国的防疫工作有了很大进步，发病率是往下降的。我希望后面头一步先把传染性疾病控制住，进一步降低发病率。另外要跟上世界卫生组织的步伐，逐个地把这些病消灭掉。我说的这个消灭，是 eradicate 根除，这可不容易。世界卫生组织也是列了好多目标，第一个是天花，第二个是脊髓灰质炎，第三个可能是麻疹，后面还有破伤风、百日咳……多了，这

1990年，顾方舟夫妇合影

个任务很重。咱们中国现在是做得相当不错的，在世界卫生组织是数得上的，但是还需要不断地努力，这个事就得拜托卫计委了。

现在我的大半生已经过去了，我无怨无悔。第一是给老百姓办了一些事，我没有违背入党宣誓时候的誓词。我的入党仪式是解放以后才补的，当时不可能有这个条件，我没有违背宣誓的誓词，这个我满意了。第二是我找了一个好老伴，很知足。一个人一生没有多少年，现在想要再多干一点事儿，已经力不从心了。从1948年入党到现在，我可以说随着解放战争一步一步到今天，我是跟着党一块走过来的。我们党有起也有伏，但是我总觉得我们党是充满着希望，充满着活力，大有希望。因为我也看过苏联当时的状况，了解部分苏联共产党的情况，我也有几个苏共党员的朋友，很可惜，这么大一个党，这么有历史的一个党，由于他们路线的错误，亡党亡国了。原来的苏共没了，苏联也没了，这是我怎么也想不到的，但是是事实，苏联老百姓把自己的党，把自己的国家给抛弃了。

我们中国共产党，现在的政策是一步一步往前走的，不断地修正自己的路线，所以我觉得我们中国共产党是大有希望的。可以说现在全世界爱好和平的老百姓都看着我们，对我们中国的一举一动都非常关注。美国前总统克林顿前不久不是来了嘛，见了习主席[①]，"我希望中国的经济发展不要走美国的老路"，他说了这么一句话。你怎么去品味他这句话，他觉得美国现在这条路走得不对了。克林顿是个资产阶级政治家，他都感觉到他们资本主义这条路已经走不下去了。所以他才说，你们中国不要走我们美国的这条路，这话很深刻。所以我觉得很有幸能够跟着党走到今天这一步。还有最近报上登的乌克兰的事儿，因为乌克兰的领导想要投靠西方，可是里面有一部分人坚决反对，有些老百姓不干了，游行示威，搞得一塌糊涂[②]。所以他们也在寻找乌克兰走哪条路，他应该学习学习我们中国。现在全世界的进步人士都在关注我们中国，学习我们中国。现在看世界局势，应该说我看得比较清楚，21世纪确实是我们中国的世纪，所以我们中国的形势一片大好。

---

① 2013年11月18日，中国国家主席习近平在人民大会堂会见美国前总统克林顿。习近平赞赏克林顿担任美国总统期间为推动中美关系发展做出了积极努力以及卸任后同中方在扶贫、慈善、卫生防疫特别是艾滋病防治等领域开展的有效合作。
② 2013年11月24日，乌克兰首都基辅的民众举行了大规模示威活动，抗议政府延迟加入欧盟，并要求与欧盟签署历史性贸易协议。

附录

昆明所纪事

昆明可以算做顾方舟先生的第二故乡，他说自己一辈子就干了一件事，就是脊髓灰质炎减毒活疫苗的研究及生产，这件事情是在昆明中国医学科学院医学生物学研究所（下文简称"昆明所"或"生物所"）做成的。1958年底，昆明所初建。1964年顾方舟先生举家从北京迁到昆明，立志在这里扎根，为这个事业干一辈子时，这里也还没通火车，仍是一片荒芜。就是在这样的条件下，顾方舟先生和他的同事们在这里研究出了脊髓灰质炎糖丸活疫苗，并在这里生产了供应全国的绝大多数疫苗，制定了适合我国国情的免疫策略和免疫方案，为我国2000年实现无脊灰打下了坚实的基础。顾方舟先生也一直强调，这不是他一个人的贡献，是昆明所同事们共同努力的结果。

为了本书的完整性，也为了探寻顾方舟先生事业和情感的寄托地，我们来到昆明。一方面了解昆明所初建时的情景，近年疫苗的研究生产情况；另一方面采访顾方舟先生当时的同事，力求更全面地了解顾方舟先生，以及他们那代人当年的研究环境。

我们采访了昆明所所长李琦涵和科研处处长车艳春，请他们介绍昆明所的整体情况及发展；还分别采访了四位建所初期即来到昆明所的老同事，请他们回忆当时的工作、生活以及与顾方舟先生的交往。这实在是一件很有意义的事情，从他们的讲述中，我们更加了解了那些为了大众的幸福生活默默奉献的科学家们。

尹芳口述实录

2016年8月10日,我们在中国医学科学院医学生物学研究所走访了原副所长尹芳同志。

尹芳,男,1923年生,河北省石家庄市平山县南杏园村人。1940年入党,1945年10月参加八路军。1947年在部队医院做会计、审计工作。1953年调到天津,在中国人民解放军第十三军医学校①附属医院做审计工作,后在学校担任军需科副科长。1958年10月转业,同年年底调入医学科学院参与筹建工作,先后担任总务科副科长、副所长、副书记,直至离休。②

尹芳,2016年摄于昆明所

我1958年转业之后,大约12月份就调到中国医学科学院,参与组建

---

① 后改为中国人民解放军259医院,是中国医学科学院北京协和医学院血液学研究所血液病医院的前身。
② 以下各篇题记均由范瑞婷撰写,不另注。

花红洞医学生物学研究所。我们是 12 月份在北京筹建，年底从北京出发，坐火车到南宁，再从南宁转飞机，1959 年 1 月 1 日正式降落到昆明市。那时候花红洞还是一片荒山，我们就住到云南省人民政府第二招待所，在那住了一段时间。光住招待所花钱多嘛，后来省防疫站给我们找了房子，我们就住到省防疫站。再后来花红洞就开始建，当时有一个生物站，现在改成（中国科学院）动物研究所了。这个单位比我们建得早，我们来的时候它的房子就盖得差不多了。所以 1959 年上半年，我们就搬到他们那里住，花红洞盖好了几栋宿舍以后，我们就搬回来了。现在花红洞那里的建筑重新改造了，不是原来那个样子了，原来盖的都是小平房，只有生产楼和科研楼两个楼是三层，还有宿舍是两层的。

当时我们来了以后，顾方舟同志是去苏联学习，因为花红洞还没有建好房子没有办法开展工作。到苏联学习的不止他一个，有北京生物制品研究所的，有成都生物制品所的，还有北京病毒所的同志，其中有一个董德祥，他退休以后到美国定居了。我们刚一来就筹建这个所，一是盖房子，二是招兵买马，没有人来啊。那时候连马车都没有，别说汽车了。往花红洞走的也不是现在这种路，那时候是土路，后来改造过多少次才改造成现在的样子。当时一方面是建这个单位，一方面是招人。我来了就跑昆明市各个街道办事处招兵买马，也跟北京交涉，从各地方调人来。那时候往昆明调个人还是相当困难的，很多人不愿意来。

调我的时候我们一块来这的有几个，另外还有几个，一个院长是上校军官，有一个是大尉，还有一个是少校军官，这几个都不来。那个院长是高血压，因为昆明是高原气候，他耐不住。后来沈其震院长问我，如果这个院长不去，你们还去不去，愿意不愿意去。我说他有病不去就算了，我们去就是了，你别担心，我们这几个人通通地去。另外那几个军官，都是这个原因那个原因不愿意来，就没有来。

我们来了以后，困难就不用说了。我们一起来的人因为工地没有住处就临时住到花红洞的一个观音洞。我们一起来的有两个同志已经去世了，一个叫王志华，一个叫张子正，当时还有北京来的一个叫姚浩然的，搞基建的，他们都住到观音洞里边。我是住在昆明，有事我上去看看，其他时间就跑着各处要人。当时交通运输各方面困难多得很。像我们从北京往这调点钢材，要先经过越南河内，云南河口到这里有一条小铁路，现在是作

1960年，昆明所疫苗楼竣工合影

2016年，现在的生产实验大楼

为参观，没有正式运输了。从这条小铁路上，运了十几天，转到云南。往建筑工地上运输也很困难，砖瓦等材料过了筇竹寺那地方卸下来，然后马车再运，多少辆马车才运到我们这个所里边。

开始我们这个地方是和苏联的协作项目。后来他们说我们生物所建在花红洞离昆明市太近。北京给我们打电话叫我们不要在花红洞建，要往富民（县）那个方向，再往远处了建。我接的电话，我说我们不搬了，我们房子已经盖得差不多了，再让我们搬这不是浪费嘛，后来就没有往远处建了，就建到这个地方。

开始要试生产，在北京三间房那的生物制品研究所，在它那里生产500万份，猴子我们这里有了，我们供应。它那里有一个孟所长，他说你这个地方整不成，大山上水也是自己往上抽，抽了过滤也不行，是红水，交通也不便，这里不能生产。后来我们所里的科研生产人员也好，从苏联回来的老顾他们也好，大家都说非要在这地方把疫苗生产出来不可。在北京生物制品研究所那里试验生产了以后，到了1960年我们这里就开始准备生产了。这时候省卫生厅把我调出来，下乡去搞整风整社，家里就开始生产，这时好像顾方舟就回来了。还有蒋竞武、闻仲权、董德祥，他们几个就调来我们这生产。

顾方舟同志，总的来说他这个人真诚、热情、宽厚。我跟他接触得比较多。他来了以后，开始还没有正式调到生物所，1964年以前他就是从北京到昆明来来往往，生产实际是他负责。我们这个所1960年调来一个所长叫靳冰阁，这个人是原来平原军区的卫生部长、后勤部副部长，他后来调到流行病研究所，从流研所调到我们所里来，是所长兼总支书记。1964年以前，顾方舟同志负责和成都所、北京所，还有病毒研究所这些同志们合作，共同来帮助我们搞疫苗生产。后来到了六几年，这些人就都回去了。董德祥和顾方舟两个同志就固定到这个所了，在这工作。当时顾方舟同志的户口、人事关系还没调来，但是实际上就是生物所的人了。到了1964年我们所里是人员也困难，领导也困难。领导就靳冰阁一个，因为在这么个大山上，条件可想而知。我是管后勤的，那时候说是管后勤，人事也管，什么都管。我还是支部组织委员，成立党委后还是组织委员，就是给人事上跑，解决人的问题。所里派我去北京，下级要上级，我那时候才是个科级干部，去要所领导，要我们所的编制。第一个给我们增加编制，第二个给我们所派党委书记也好，派副所长也好。

到了北京以后，医科院的黄乎[①]、白希清[②]等，有几个领导陪着我到了卫生部。到卫生部找到钱信忠钱部长，他就召集我们医科院的和他们卫生部的有些同志开会。我就把我们所里的困难讲了，讲了以后，钱部长说你回去吧，给你派领导，给你们增加编制。给我们增加了40个编制，增加了两个领导岗位，一个党委书记，一个副所长。这一次顾方舟同志算是正式调来，任副所长，来的还有一个叫路新书，任党委书记，这个人去世二十多年了。

顾方舟同志在科研方面的情况，我了解得不多，就知道顾方舟同志是进行疫苗方面的研究。他们疫苗生产室里几十个人在搞生产研究，生产和科研搞得不错。我们所里从生产开始，甚至在"文化大革命"期间，没有说缺货、完不成任务。这个功劳当然有其他人的，顾方舟同志是主要的。他在这里能够团结大家，带领大家，共同完成工作任务。

后面"文化大革命"开始，是洪水猛兽，搞得轰轰烈烈、一塌糊涂。老顾是管生产科研的，科研停一下可以，生产停了那小儿麻痹疫苗供不出去货了，那怎么办呢？所以你怎么斗他也好，怎么批他也好，反正这生产没有受影响。"文革"刚刚开始要读文件，顾方舟同志怕一跟人家说什么，把消息透露出来就挨斗，生产要受影响。他就跟我说，老尹你看，咱们这个文件必须读，咱们要读的时候这些造反派起哄怎么办？我说咱别的办法没有，开会的时候我在旁边，我说开会了你就开始读，读完了以后我就说散会，他们就没有机会来斗我们，来耍我们。那时候在"文化大革命"中，

[①] 黄乎（1916—2016），福建长汀人。原中国医学科学院北京协和医学院党委副书记、副院长。
[②] 白希清（1904—1997），辽宁新民人。病理学家。原中国医学科学院书记、副院长。

生产是相当相当困难，科研几乎停止了。顾方舟同志在那种艰苦困难的情况下，在造反派那种批啊斗啊的情况下，他都能够坚持下去，不耽误生产，年年的生产任务都能如期完成，我觉得这个是他最大的功劳。当然他有什么事找我们商量商量，但我们只能出点主意，只能在后勤供应、行政工作方面帮帮，实际的生产得他去组织，他自己去管。

我们去花红洞，要过一个小桥，这个桥当时好像是拿石头砌的，反正没有搞好，发大水把小桥给冲断了，冲断了以后车子就过不去了。那时候我们白天坚持生产，夜间就修这个桥，修桥的时候还时不时停电。停电以后赶紧打电话要电，说我们这里正在抢修工程。他作为一个专家，一个高级知识分子，除了生产之外，修桥补路的工作他都参加，不会说我是高级知识分子这些事我不参加，我白天生产这么忙你们去干吧，他都和我们一块儿。

另外还有一件事，这是"文化大革命"后期了，当时工宣队、军宣队进驻了，那时候毛主席发出"五七指示"，号召自己生产。在花红洞粮食当然种不成，也没有那么多地，也就能少种一点稻谷什么的。我们还种蔬菜，莲花白啊、白菜，我们都在花红洞种，顾方舟也是积极参加。搞副业、种蔬菜得用肥料，用肥料就从粪池里面往上掏。有一次，粪池上面的粪水都掏完了，底下的粪渣就得进去挖，顾方舟同志他就跳进去用锄头、铁锹挖，挖了之后把这些东西铲上来，搞上来往地里施肥。这是我们其他人都难以做到的。所以顾方舟同志不管是生产科研，还是我们的副业生产，他通通都参加。

还有他这个人对同志比较热情，对其他同志是这样，待我更是特别关照了。他在生物所里待到1971年，那一年他调回北京。调回北京后，他开始是科研处处长，后来当了医学科学院的院长。我只要是到北京，他都会去看我，都热情接待。我管生物所的事儿比较杂，差不多几年去北京一次。后来有一次，他当了院长以后，我到北京去了，去办公室找他，他不在，说是正在进行一个重要的学习培训。办公室的人给他打电话联系，他请了假来接待我。一般这种情况，也没什么急事，就是去看看，不在就算了嘛。我老伴在北京住院的时候，他帮助联系，也去医院里看望。总的来说，我跟顾方舟这几十年的接触里边，这个人还是那句话，认真负责，忠诚老实，热情宽厚。在生产上那没有说差的，就是一心一意地把生产搞好，把科研搞上去。

那时候建这个生物研究所的，主要是医学科学院的沈其震副院长，他和顾方舟，还有一个唐启全，他们来选的这个地址。他们选了这以后，就跟云南省卫生厅联系，招了几个在医学院学习还没有毕业的学生，送到北京病毒所和军事医学科学院学习。还有解决猴子的问题，从广西招了几个捕猴队员，到思茅、西双版纳、普洱这些地方去捕猴。猴子得自己去捕，也买。后来又请湖南的捕猴队，来咱们这里，到这个山上面抓猴子，再往后就不让抓了，因为它是保护动物。我前几天问我们所里养猴子的人，他说现在我们所里养的猴子，繁殖出的小猴，基本上够我们所里用了，就没有在外面抓了。以前抓猴子，得经过林业部、云南省林业局等审批，麻烦得很，费劲得很。有一次我到了咱们云南省政府找的办公厅主任，给我们写了省里的公函，跟湖南那边联系，解决猴子的问题。现在用的猴子也少了，生产用二倍体[①]了，就是检定的时候，还是用猴子。

刚建所时困难大了。本来国家规定像我们这些行政人员是每人每月25斤粮食，其他那些工人他们多一点。省里号召行政人员再节约1斤，吃24斤，就是一天8两，是市两不是公两。当地的那些人，还嫌我们在花红洞盖房子，占的地方大了。那时候周围还有些空隙地方，都把那些空隙地方种蔬菜，白菜、大葱、大蒜、萝卜，还有小麦、洋芋也都种了，种的东西不少。我是1960年困难的时候，种的胡萝卜，收了一大麻袋。1961年条件逐步好转了，我就没再吃了。我们的驾驶员家庭人口多，很困难，后来我就把那一麻袋萝卜给他了。我当时还把那个白萝卜的叶子都收集起来，把莲花白的叶子也收集起来，给它晒干挂起来，准备再困难就煮这玩意儿吃，后来情况一好就扔掉了。

[①] 凡是由受精卵发育而来，且体细胞中含有两个染色体组的生物个体，均称为二倍体。人和几乎全部的高等动物，还有一半以上的高等植物都是二倍体。

当时生活上确实是艰苦。像我们劳动强度不是那么大，有些劳动强度大的，吃饭多一些，这个月就把下月的饭票解决了。比方说，这月他们还是吃 30 斤的、28 斤的，也有吃 35 斤的，工人吃得多。我们是管后勤的，本月饭票吃完了，他们就自个儿写个条，叫我批一下借下个月的，下月再借下月的，那么着度过了灾荒。那时候小卖部卖的糕点，糕点它就要落点渣渣嘛，把糕点卖了，那渣渣就不要糕点票了嘛，就可以一斤、半斤、四两，买那玩意吃。

我是 1958 年十一二月调到生物所筹备组，1959 年 1 月 1 号，降落到昆明，一直到现在。我开始是总务科副科长，后来是副所长、副书记，就离休了，就是这么下来的。

差不多这几年，过年我都给顾方舟打个电话，问候问候。我也给黄乎，医学科学院那院长，现在大概快 100 岁啦，给他们打打电话。平常有时也打电话联系一下、问候一下。他出的那些书，也都给我寄来一本。

2012 年，与昆明所的老同事在中国医学科学院合影（左起：杨志和、王志华、顾方舟、尹芳、李以莞）

杨志和口述实录

2016年8月10日，我们在中国医学科学院医学生物学研究所走访了原条件处处长杨志和同志。

杨志和，男，1931年生，河北省深州市（隶属衡水市）人。1947年参加工作，在晋冀鲁豫地区后方总医院直属二院做卫生员、护士长。抗美援朝后归国，转业到云南省第二人民医院，担任护士长。1960年调到医学科学院工作，先后担任器材科科长，条件处处长，直到退休。

杨志和，2016年摄于昆明所

回想我这一生，我是做了两件事情：一件事情是救死扶伤，我是1947年参加工作，就在医院里，为伤病员医治创伤，抢救病人。我在医院里做了十几年，一直到抗美援朝归国，转业到云南省第二人民医院。到1960年，过了春节我才调到生物所工作的。第二件事就是为生物制品提供后勤保障，当时在器材科，我担任副科长，后来又改为条件处任处长。条件处顾名思义，就是为小儿麻痹疫苗的生产、科研提供需要的条件，包括仪器设备、化学试剂还有玻璃器皿，大概这么三大项，一直干到我退休。所以我是干了这么两件大事。我觉得最有意义的还是在生物所干的这件事情，在部队上抢救病人那是个别人，但是在生物所做的这项工作，在全国消灭了小儿麻痹症。

我先说说对小儿麻痹病人的认识。我在省第二人民医院的时候，我们住在西山区。1959年，从昆钢托儿所送来了一批小儿麻痹病人，大概二十几个。当时也没有诊断试剂什么的，就是根据这些病人的症状，重的就是嘴歪，再轻一点的就是腿走路一瘸一拐的。当时我们就感到很难办，扎针灸还治不好，怎么治也治不好，病人绝大部分是残疾就出院了。当时我想，这个病传染这么厉害，光一个昆钢托儿所就有二十几个病人，那么其他的地方呢！在昆明也有这个病的传染，又没办法治疗，作为一个医务人员觉得挺着急的。后来1960年春节前，我接到卫生厅通知，要把我调到医学生物学研究所，做生物制品的工作。究竟干什么我到了生物所以后才知道，知道以后，我特别高兴，知道我们国家研究生产小儿麻痹疫苗的这么一个单位要成立了，将来我们国家对小儿麻痹的消灭是有盼头了，当时就觉得非常激动。

因为当时生物所条件很困难，交通非常不方便。我们有三个同事要调到生物所来，我们几个一块，从西山区高峣那个地方走路，找花红洞生物制品研究所，结果找到了一个叫海源寺的洞，看见这个洞就往那走。去了一问说不是花红洞，我们就又走了，走了一上午终于找到了生物所。接待我们的就是尹芳，老尹当时好像是我们支部里的组织委员，支部书记到北京开会去了，叫邱志成。去了以后我一看，生物所基本上初具规模，已经盖好了房子，要等最后的粉刷、安装。后来过了春节，1960年春节以后，我们生物所的汽车修好了，就把我们接去了。

当时说叫我搞器材供应工作，就是刚才讲的供应仪器设备、化学试剂、玻璃器皿这些东西，后来小儿麻痹疫苗试验成功了以后，发售、订货也交给我们器材科来干。卫生部每年开生物制品会的时候，根据各个省疫情情况，还有我们的生产量，哪个省定多少，由卫生部统一平衡。当时小儿麻痹疫苗出来以后，头一年是试验产品，不收钱。第二年大概是1962年的时候，当时在生物制品平衡会议上，我们医科院的院长叫沈其震，他对小儿麻痹疫苗做了一个报告，第一次在全国推广小儿麻痹疫苗。当时是计划经济，他说我看咱们在这会上把价钱定一下，以最少的价钱给大家，一分钱可以了吧，让大家议论。一分钱一个人份，大家不能再说少了，这个价当时就定下来了。

对小儿麻痹疫苗和这个病的认识我已经简单说了，如果按照症状来讲，是小儿麻痹病；如果按照它发病的部位来讲就叫脊髓灰质炎。我们刚来，没接触到顾方舟，顾方舟在北京筹备试制。我后来听他讲，他们是四个人在1959年去苏联学习制作小儿麻痹死疫苗。但是顾方舟到苏联去学习考察以后，根据我们国家的具体情况，当时咱们国家正是困难时候，而且我们国家又这么大，这么多的人口，交通等各方面都比不上发达国家，他根据这个情况，给卫生部打报告，觉得我们国家不适合生产灭活疫苗，或者叫做IPV，选择了小儿麻痹减毒活疫苗。

减毒活疫苗一个是比较方便，山区这些地方服用也便利，像小孩就给他滴到饼干上，当时疫苗是液体，还没有生产糖丸。1959年他们搞的第一批试生产，大概是500万人份，他们做试服观察，成功了。在生物所各方面的房子等都已经建好的情况下，技术人员主要有顾方舟、闻仲权、董德祥，还有蒋竞武这四员大将，我们叫四大骨干。后来又有成都所、北京所的一些工程技术人员开会，在疫苗究竟能不能在生物所生产这个问题上，大家意见不一致。有的说生物所现在虽然有猴子，猴园都建起来了，但是人员技术还有设备都不那么全。但是我们支部书记，还有顾方舟同志，他们觉得生物所有困难，但是有困难创造条件也要上，如果不在生物所，猴子问题很难办，生产检定都需要大量的猴子。那时候我们所已经养了好多猴子，所以最后决定在生物所生产。

在我印象里，生物所是1961年投产，1962年供货。供货大概是1200万份，这个时候就收钱了，我们收款是找防疫站，防疫站向国家申请。这属于计划免疫，每一个省必须根据情况列入计划里，所以是一类疫苗。我们在这生产，就碰到一些具体问题：第一个是原材料问题。生产小儿麻痹疫苗，首先要用猴肾，剪碎后用胰酶来通过搅拌器，把它打碎掉。胰酶是一种消化酶，当时我们国家被美国卡着，正在跟苏联打口水仗，在哪进口这个东西啊，实在是头疼。这个时候顾方舟告诉我，他说有困难就提出来，直接找沈其震副院长，我们所的这个地址是他来选的，他会支持我们。我就到北京找到我们院长，院长又找到我们北京医学科学院的器材处，说一定要给他们想办法进口胰酶。这种胰酶叫（BD）difco，其他的不行，消化不了。这个怎么办呢？又没外汇。我们生物所作为一个特殊情况，就由医科院器材处向国家申请外汇，通过香港的关系，给我们进口。500毫克一瓶，我记得我们一次进口了大概4瓶。后来一直到和美国建交以前，都是通过香港进口的。

胰酶是专门消化细胞的。消化细胞是放在一个消化瓶里面，那个消化瓶是用三角瓶，经过玻璃工的艺术加工成一个菱形的，里面放一个电磁棒，有一个电磁搅拌器，当时我们生产的时候只有顾方舟从苏联带来的一个电磁搅拌器。咱们国产的电磁搅拌器力量不够，后来我们才慢慢地从德国进口的。

后来咱们国家技术发展了，我们开始向新疆伊犁的一个农场订购胰酶，他们是用牛的胰脏做出来，我当时派一个人去订货，我说你跟他订长期合同，他要是违反合同他要赔偿的，一订订十年的量，我们是按照发展的水平满打满算多订的。实际上，我们每一年也用不了那么多，后来他们也不计较这个合同怎么样，我们一直用这个厂生产的胰酶。

当时好像是七几年，因为我们器材科的这位同志，应该是20世纪70年代以后调过来的。工作方面的困难首先是细胞消化，然后是细胞培养。

培养细胞需要的是difco的乳蛋白。它是培养细胞必须的营养品，就像我们吃饭一样，猴肾细胞消化了以后要放到罗氏培养瓶里面培养，要加培养液，细胞有了营养它才生长。

这个乳蛋白，我们想着如何能革新。革新用什么呢？乳蛋白的含量里面，氨基酸很多，咱们都知道人体有维生素、氨基酸等成分来维持我们的生命。那个时候又没有色谱仪这些仪器，没法检查美国的这个difco含有哪些成分。我们所有一个同志叫石乃玉，她就在疫苗室搞这个研究。那个时候她在疫苗室的溶液组，她就用各种氨基酸做实验，结果搞成了，叫"七一"培养基，为什么叫七一，是党的生日。后来我记得我们就用自己的培养基了。

咱们国家生产罗氏培养瓶是在上海的玻璃仪器厂，我们所一开始建的时候，就买了一大批，放到防疫站，等所建成的时候我们就拿回来了。那个罗氏瓶是一千毫升的，脖子抬着像个乌龟一样的。它的底要平，底不平细胞就会死，这个碰到最大的问题是"文化大革命"。用这个东西它有损耗，等我们用到一定时间以后，要补充。等需要补充的时候，我们去上海生产罗氏瓶的厂家，它因为"文化大革命"的干扰、破坏，停产了。而且这个罗氏瓶，我们所主要用来培养猴肾细胞，就用这一家的，别家没有。那个时候真是困难极了，买不到罗氏瓶怎么办呢？我作为器材科的科长，急得不得了。我亲自到上海去，去到工厂里，求他们给生产，当时造反派当权不管，只革命不生产。我就跑到了上海生物制品研究所，说你们能不能帮忙解决这些问题。他说我们不用那么小的罗氏瓶，我们用的是大的，是2000毫升的。我就根据自己的判断，既然是在瓶子底下培养细胞，那

1970年，溶液室洗刷组清洗玻璃器材，昆明所（图片由中国医学科学院医学生物学研究所提供）

么大的这个瓶子应该也可以。它不叫罗氏瓶，我记得好像叫克氏瓶。我就自己决定，我说你把这个瓶子给我打包运回昆明，是飞机运回来的。运回来以后经过试验，一样可以培养，这一下解决了我们生物所的燃眉之急。后来我们就改成了大的10000毫升的转瓶培养，比那些瓶子都先进。

那时候我们生物所的生产条件是太差了，也太简陋了，先进的设备没有多少，就有离心机、显微镜。显微镜还有这么一个典故。我们用的那个罗氏瓶不需要用高倍显微镜，它需要的是低倍的显微镜，双目立体一百倍的。这个时候国家生产的显微镜的升降度，它没有那么高。老顾就跟我讲，你得想想办法，找找这几个显微镜制造的地方。云南省有一个光学仪器厂，显微镜最出名，但它不生产低倍的显微镜。后来我到了重庆，和人家商量，我要订20台以上，能够升高到罗氏瓶放进去的显微镜，这是看细胞必须的设备。其他设备是后来的，像疫苗需要浓缩，后来又有超滤器。一开始我们用的滤器是国产的，用纸做的，叫滤板，还有一个是德国的G5号滤器。这个说起来也巧了，北京他们找这个G5号滤器找不着，这个所用了以后，消毒了拿到那个所又去用。我去昆明同仁街一个私人办的玻璃仪器商店，我说你有没有德国的G5号滤器，他一下子给我拿出来一大堆，我说全部给我算了。然后除了我们所用的以外，像北京所，也拿去不少用。

我们疫苗室里面有四个组、洗刷组、溶液组、病毒组，还有一个组织培养组。洗刷和溶液是基础的，病毒和组织培养是关键。还一个检定，疫苗的毒力检定有两种方法，一种方法叫做脊髓注射，一种是脑丘部注射，生物所根据情况采用脑丘部注射，把疫苗注射到这里看它发不发病。我虽然不是搞业务的，但是我知道生产的过程它第一步第二步第三步怎么走，作为器材科的科长，不知道人家的生产过程，我怎么来配合给人家提供条件呢。

我买设备主要是跑的上海、北京这两个中心城市。像我们所生产起来以后，要有恒温室，然后才能放罗氏瓶进去，那里面要由什么来控制呢？要导电表。这个我在医院的时候碰不到，闻仲权同志他带着我跑，买导电表，买来以后，温度到了37度再往上升，它自己啪断电了。再往下走，温度不够，它就啪又升起来了。

关于设备还有一个故事。我们所里建成投产以后，除了毛泽东、刘少奇没来生物所之外，各位领导像朱德、周总理、陈毅、李先念，都来过我们生物所。特别是周总理，他的记性就那么好。他当时来生物所的时候是顾方舟接待他，给他介绍生产情况，那时候生产小儿麻痹疫苗，先把合格的猴子取出肾脏，进行组织培养。后来就变了，把检定猴用于生产，杀的猴子减了一半。周总理他对生物所的情况了解得特别详细，他提出我们的猴子要综合利用。

在"文化大革命"的时候，我们的疫苗生产碰到了最大的困难。氟利昂是制冷剂，这个时候昆明买不到，机器不加氟利昂温度就降不下来。器材科是提供条件的，你连这个都提供不了怎么行。我们这个时候着急了，摆到冰库的毒种、疫苗，温度降不下来要全废掉，好几个冰库啊。这个时候我就坐飞机到北京，按照"文化大革命"的程序，先到故宫找那些头头要氟利昂，这个时候人家说，生产的事我们不管，只管革命；没有办法我就又转到了器材处，器材处他们正好办了一个学习班，那些没有被打倒的干部，叫做靠边站了，他们在那学习。

当时我记得碰见黄乎院长，还有一个叫李子和，那个时候是办公室主任，我就把我这边的情况说了。他说你找造反派也没有用，你到邮电大楼给周总理直接发电报。我到了邮电大楼找人发电报，电文译出来，译电员一看周总理三个字，他说周总理那么忙哪顾得上你这个小儿麻痹。我说只有他了解，不然我们就断货了，多少儿童的疫苗就毁掉了，希望你给我发，他就强调周总理忙不发。后来他们一个40岁左右的同事说，你给他发，不发是你的事，你发了他管不管和我们没关系，就把这个电报发了。我把我的电话和名字留下来，到我们医科院招待所等。夜间打来电话，是一个秘书，说你是杨志和吗，我说是，他说你明天早晨八点钟到铁路局办公室，到那个地方找一个姓什么的，具体我记不得了。第二天我到了他们的铁路局办公室，我说我是杨志和，我来找谁谁谁，他递给我个单子一填，填运输，那时候飞机不给运，因为是危险品，铁路也不给运，只有找到他们特批，当时一下子给我们运了12瓶。周总理参观了生物所，对生物所有这么深的印象，人家就批给我们车皮，叫我们运走，这个事情我永远忘不了。

我记得我们所1964年正式供应糖丸，生产最高产量好像是在1993年，一亿多人份。国家也要求，我们也有这个能力。我们每年都开一次生物制品会，生物制品会不光我们所，其他六大生物制品所都参加，那个时候叫计划供应，计划平衡。比方说白百破或者是麻疹疫苗，你这个所生产多少，他那个所生产多少，由卫生部生物制品所负责调节，大家都有饭吃，不要一家独占。后来慢慢地到我快退休的时候，有点市场的味道了。一开始是我们生产液体疫苗，后来生产糖丸以后，北京所也生产了，就有点竞争了。当时大体分配西北、东北、华北，他们管，其他的像西南、华中、华东、中南还是我们供货。但是，像山东这个地方跟我们关系特别好，还有新疆，他们就认准我们的疫苗，认为疫苗研究中心在昆明不在北京。我记得竞争的时候，我说无非是运费问题，我们离它远运费高，我把那些时间表、公里数一算，算完运输费把多出来的部分减掉，凡是多出他们那的钱我一律不收，我和它是平价竞争，当时生物制品所的处长在会上还批评我们搞点小动作。

我跟顾方舟的交往太多了，真是太多了。过去每年卫生部生物制品订货会，一开始是我一个人去，后来人家要求领导要去，我跟他都去，住到一个房间里。在西双版纳有一个中国医学科学院药用植物研究所云南分所，当时"文化大革命"工宣队、军宣队都进来了，其他机关单位都是后期叫"斗批改"，这些知识分子被赶到"五七干校"锻炼。唯独我们生物所军代表工宣队出的主意，让这些知识分子不要去"五七干校"了，到西双版纳的药用植物研究所。我们所的专家，董德祥、苏诚钦[①]、张胜瑞，代国珍等等，这些当时所谓的"臭老九"，给他们起个名字叫做"五七战士"，叫他

---

① 苏诚钦（1927—2016），安徽歙县人，毕业于上海同济大学医学院医疗系，在苏联医学科学院获博士学位。曾任中国医学科学院昆明医学生物学研究所党委委员、肠道病毒研究室及疫苗生产室主任、安徽省医学科学研究所所长、世界卫生组织肠道病毒研究合作中心主任。曾获全国科学大会奖、卫生部甲级产品奖。

们去劳动锻炼,每个人劳动半年,叫我带队去。我就去了,去了以后碰上整党,就把顾方舟派去帮助,他跟我住在一个房间里头。

我们在一块吃饭,顾方舟的生活习惯我都知道,他爱吃咸的。当时西双版纳太困难了,连卖油条的都没有,我们在那不管怎样困难,为了迎接他,我们给他包了一顿饺子吃。

当时那个地方要"斗批改"没人管,是一盘散沙,提出了一个口号叫"以发展南药为主","以粮占地"。什么叫以粮占地,那有150亩土地,因为"无产阶级文化大革命"还有建设兵团将地侵蚀得一块一块的,减少了很多。本来他们才有三十几个人,我去了发展到五十几个工作人员。当时顾方舟给我明确的指示,你就抓住以南药为主,这个占地是临时措施,已经种上东西他们就不敢把你的地划走。

顾方舟在"文化大革命"里那也是遭罪,一开始造反派给他扣的是"里通外国","反革命修正主义分子","反动学术权威",给他戴的这些"帽子"。造反派批斗他,没有做结论,他不需要平反,后来"解放"出来就完了。

当时为了改造好知识分子,我们所搞副业生产,种点蔬菜什么的。要浇粪,他裤腿一挽,就跳到粪坑里去,往上掏。"文化大革命"的时候给他戴个帽子,厕所里放大便纸的那个纸篓,造反派给他戴上去,说他是"里通外国"。我就不相信,我说他到外国去是卫生部派的,咋个叫"里通外国"了,有什么根据呢?有一派揪着他这个不放就要打倒。后来我们所生产小儿麻痹糖丸,主要送两个地方,一个是上海,一个是北京,上海是信谊药厂,北京是新华制药厂。当时飞机很小,送那么多疫苗要包飞机,包飞机我就坐飞机去了北京。去的时候那些所谓的正直人物、保守派,说你去的时候调查一下、了解一下,他究竟有没有里通外国。北京生物制品研究所有一个所长叫杨清秀[①],她是个老红军,我去了以后找到她。我就问她

[①] 杨清秀(1914—1977),原名周贤,1948—1952年任第一野战军卫生部副部长、部长、后勤部副部长。1952年由部队转业,任卫生部防疫司副司长。1958年任陕西省卫生厅副厅长。1963年复调卫生部任防疫司司长兼北京生物制品研究所所长、党委副书记。

这个情况，我也不做记录，她就感到奇怪，她说你咋不做记录，人家调查都做记录。我说我只了解了解他，他有没有出卖国家机密，出卖糖丸的这些配方。她说我只知道他到外国去学习，这是正常的工作，没有什么叛国的情况。我回来以后就跟那些造反派讲，我说不要老批斗他什么卖国，出卖我们国家糖丸疫苗的机密，人家讲这是正常工作，没问题。而且我认为顾方舟，他确实是有远见，所谓有远见就是他当时选择了活疫苗的路线。

后来顾方舟在那帮助整党完以后，他就回昆明了，他告诉我他要走了，我说你到哪去，他说现在还不能告诉你。后来他调回北京去了，我听别人说，医科院讲这么好的人才你们昆明不用，小儿麻痹的专家你们不用，我们北京用，就调回北京了。

我们搞生物制品最初的这些人，现在只剩下几个了，有一个赵玫，有一个是龚春梅，这些人中最老的就是老尹。很遗憾还有一个人病重，他是小儿麻痹疫苗室主任叫胡希民，昨天 CT 检查是癌症，晚期扩散了。

我们生物所完成的，是把中国的小儿麻痹消灭，或者叫做阻断。现在生物所又做成了 IPV。国家药监局催我们要加快生产，这个地方现在在改造，要扩建，满足国家需要，甚至以后可以出口。我已经退休了，我最高兴的就是看到我们国家脊髓灰质炎这个病已经控制住了，甚至要走入彻底消灭，这是我最大的愿望，也是我最感到高兴的。我一开始讲了，我有两项工作，一个是救死扶伤，一个是献身于生物制品的后勤保障，后勤保障虽然不是在第一线，但是生产离不了后勤这部分的化学试剂、设备等的保障。

现在我们这个所和咱们国家的形势一样，越发展越好，我们从花红洞搬下来，到了这个地方建所，现在又发展了马金铺（新厂址）。

赵玫口述实录

2016年8月11日，我们在中国医学科学院医学生物学研究所走访了原疫苗检定室主任赵玫同志。

赵玫，女，1930年生，北京人。1952年大连卫生专科学校毕业，进修于中央生物制品人员培训班、北京协和医学院、中国丹麦医学生物学进修生培训中心、WHO疫苗质量培训班。在中国药品生物制品检定所学习及工作12年，1960年奉命到中国医学科学院医学生物学研究所成立疫苗检定室，任室主任，直到1989年退休。中国医学科学院学术委员、中国科学院生物学部基金评审小组组员、中国微生物学会理事。荣获全国科学大会奖等12项次。发表科研论文50篇。

赵玫，2016年摄于昆明所

1959年，在周总理亲切关怀下，我国启动了消灭脊髓灰质炎的工作，卫生部派顾方舟等人到苏联考察。我当时在农村，等我学好俄语备好装，反修开始了，我国所有赴苏任务中断。

顾方舟等从苏联回来后，在北京与卫生部北京生物制品研究所（简称生研所）协作，进行Sabin口服脊灰减毒活疫苗样苗试服及试生产检定、现场安全及免疫学效果调查。检定所派我参加了制订脊灰活疫苗暂行规程等工作。生物所建成开始生产疫苗时，检定所派我到昆明任生物所质量检定室主任。当年我的主要职责是代表检定所执行国家检定职责，主持修订脊灰活疫苗制检规程，对本所生产的疫苗和原材料作全面监督和检验，签发检定报告。好的制品是生产出来的、制造出来的，不是检定出来的，但是检定部门要准确地表达其质量结果，按规程把关。

从1960年到2006年，生物所向国家提供了50亿人份的脊灰活疫苗。经WHO认定，中国于2000年已阻断了脊灰本土野毒株的传播，此举走在了世界的前列，为发展中国家用活疫苗消灭脊灰展现了成功的先例。

1959年在北京试生产时，依据国际上仅有的苏联的脊灰活疫苗制检规程为蓝本，制订了我国第一份暂行规程，同时配上了操作细则。以后在生物所，我主持对规程修订了八次。1964年卫生部批准了中国脊灰活疫苗质检正式规程。这一切工作都是在顾方舟的领导与亲自参与下进行的。现在我们生产疫苗的质量，完全能够达到国际规程要求，过去有的项目是达不到的。

比如第一个是第Ⅲ型疫苗的猴体神经残余毒力试验，简称猴体实验。这是检查疫苗安全性的最终实验室指标，给猴子脑内、脊髓内注射疫苗，临床观察21—28天应无弛缓性肢体麻痹，其中枢神经系统病理组织学检查应无脊灰样病变。就是这个Sabin Ⅲ型毒种做的苗，连续地不能通过，毒力比较高。特别是到昆明做的第一批疫苗，Ⅲ型就通不过，那时候急死了，我们自己心中都没数，我们中国到底会不会做出自己的疫苗来。

当时遇上困难、问题，钱信忠部长、沈其震副院长，都找我们反复研究。顾方舟非常重视检定、尊重检定工作，想了很多办法。在这样的情况下，我们自己做了一些摸索，共同做了补充实验，做了现场观察，又重新选了Ⅲ型的种子。

1962年，试验猴注射脊灰活疫苗28天后，临床检查其肌体肌力与肌张力（左1：赵玫）。

后来我们将3423只猴体实验结果报给WHO，他们对我们的实验技术非常赞赏。之后，一些生产Sabin型脊灰活疫苗的国家都发现同样情况，这是一个国际性问题。1981年WHO发出NC-1株脊灰病毒，组织我们几个国家实验室合作研究，建立了猴体试验国际统一技术及判定标准。

因为苏联当时的规程也没经验，那时候它刚开始生产，哪会全都好，什么事都没有？一个生物制剂从开始生产研制到最后能发售供货，怎么能那么简单？

第二个难题是生产用猴细胞本身携带的外源性或内源性潜伏病毒SV_{40}（乳头多瘤空泡病毒）的检测技术。根据我的调查，百分之六七十的恒河猴都带有这个病毒，但是我们检测不出来，为什么呢？按国际规程，需用非洲绿猴原代肾细胞做检查，而我们没有进口非洲绿猴的条件。并且进口之后，你杀一只猴子得到细胞检测，那以后怎么办，我们的疫苗都成亿发的。后来经过检定室同志的共同努力，综合使用对流免疫电泳技术和非洲绿猴传代细胞培养，并通过免疫电镜核证做综合检查，把SV_{40}查出来了。我们因此荣获了多项科研成果奖。

第三个难题是生产用猴细胞本身携带的外源性或内源性潜伏病毒SFV（泡沫病毒）的检测技术。在准备供做疫苗种毒的细胞单层上，多次发现泡沫样病变，这样的细胞当然不能用于生产，按规程要求，病变细胞需经传代证实方可将该批细胞判为不合格、废弃。我们的难题是按常规在细胞上传代，100%不出同样病变。当年这也是国际实验室共有的难题。后来随着病毒分类学的进展，认识到原来将SFV按黏液病毒技术检定，不对。后来发现了逆转录RNA病毒。该种病毒的基因进入细胞，与细胞基因整合，同步复制。也就是说，细胞消化好之后，把传代的标本种进去，与细胞同时生长。将病变细胞标本与用于传代的细胞同时接种，SFV的泡沫样病变就传出来了。因此对SFV的检测也达到了国际标准。

再有就是小儿麻痹原来是液体疫苗，后来做糖丸。做糖丸开始是单价的，后来是多价的，两价或者三价。多价糖丸的检定方法国际上没有，我们实验室建立了咱们中国的方法，这样我们检定室又做了多价糖丸的病毒滴度、病毒含量的检定实验。检定合格后，我们的多价疫苗就顺利发货了。做检定工作，既是监督，也是促进，是跟着生产走，生产发展到哪，我们就得做到哪，生产那边开始研究，我们也就开始研究。

检定室的职责之一是对本所生产的疫苗和原材料作全面监督和检验，每批成品检定12项。其中，做猴体实验观察到期的每只猴做中枢神经系统病理组织学切片，脑内试验法16张，脊内试验法23张。对生产用的猴细胞、制疫苗糖丸用的葡萄糖等辅料均逐批检定，每项检查都须发检定报告。脊灰活疫苗的检定是生物制品中项目最多、最为复杂的，因为它是从动物源取细胞做，主要目的是保证发出制品的安全性、有效性和均一性。

猴体实验是检查疫苗安全性的最后一项实验室指标。而疫苗的安全有效性最终判定需做大量人群现场观察。生物所在消灭脊灰的成功经验里很重要的一条就是生产、科研、使用三结合。我们的生产检定人员在建所后的前20年内对服苗后人群做了八千万人次的现场服苗后安全性观察，百万人次的流行病学效果观察，万余人次的血清学病毒学免疫效果检查。同时我们还研究了不同免疫方案，免疫力持续时间、肠道病毒对疫苗病毒繁殖能力的影响和疫苗病毒的遗传学稳定性等。

卫生部委托生物所承办了4次"全国消灭脊髓灰质炎经验交流会"，并委托生物所收集全国脊灰疫情、用苗情况，提出消灭脊灰工作的方案，决策报部里批示。会前，我们派人到几个典型地区做重点调查。亲自掌握这些资料以后，我们几个建所的元老有分工。董德祥讲国内消灭脊灰的现状、疫情；我讲国外消灭脊灰的近况，疫苗检定工作，基层防疫部门检查疫苗效力的实验技术；郭仁讲毒种和二倍体细胞的研究；苏诚钦讲肠道病毒研究及病毒血清的供应。

我们还为防疫部门培训技术干部，协助他们建立病毒实验室，必要时指导他们的科研工作。现场的工作我们做得非常多，非常全面，但是现场工作很苦很苦。有一年我跟几个同志到甘肃康县，康县迈出门槛就是沟，这种事在国内很多地方都是，对面能喊话得要走半天。并且那地方很穷，都是黄土、秃山的不毛之地，没有收的东西，街上也没有卖吃的的，开水都难得喝上一口。我们就到老百姓家赶派饭，但是常常赶不上，你这边工作做完他还没做好饭，又得走了。调查回来，早回的望着晚回的，晚回来的晃晃悠悠地往回走，还没进门就说还有吃的没有，压缩饼干还有没有？还有多少？有多长的一段？我想我们工作里有这样一些特征，在生物制品界也是独一无二的。

我跟顾方舟相识是在1951年，在大连卫生研究所。我那时候在那边是学生。顾方舟1951年毕业到大连所时间不久就派去留苏学习，这件事情对我们青年鼓舞很大。那时候我们有三大目标，第一要入党，第二学习得五分，那时候是苏联五分制的，第三我们要争取赴苏学习，是作为我们学生的一种奋斗目标。那时候我跟他没有直接交往。1959年要搞脊灰疫苗了，检定所派我到中国医学科学院病毒系顾方舟实验室学习。然后在北京制疫苗期间，参加了部分工作。1960年到生物所就在顾方舟领导下一起工作了。

顾方舟勇于创新，治学严谨，平易待人。我国消灭脊灰野病毒传播的成功，与他的正确思路和决策，以及拼命的干劲是分不开的。他首先是勇敢地选择了适合我国国情的Sabin型脊灰活疫苗的路线，其时我们是继苏联之后第二个生产该疫苗的国家，国际上尚缺乏成功经验；第二是重视培养技术骨干。1959年开始就派送了20余名学生到中国医学科学院、北京协和医院及卫生部生物制品研究所跟随著名专家进修相关专业。建所后引进优秀的图书管理员及先进的专业书刊，不停地举办外语、业务学习班，每周举行学术报告。第三是克服困难，快速上马。工程人员住在山洞里尚在搞基建，实验人员就在堆满基建杂物尘土飞扬的外界环境中的实验室里开始生产疫苗了。当时的产品质量良好，全靠我们严格规范的无菌操作等技术。

  我刚来所里的时候，到昆明下的车，晚上给所长打电话说我到了，明天早晨到所里报道。所长说不要了，咱们所很远在高山上，山高2100米，距城边上18公里，所里只有一辆破丰田车，这丰田车在修理，什么时候修好不知道，你就先在昆明住几天吧。那时候我们都着急，第二天早晨所里的一个同志到昆明来接我，我说走路去，他说你走不动，我说我走得动，我是业余运动员，北京爬鬼见愁我都不发愁的。好，那就走。从昆明市区吃了早点出发，走到中午才走到半山腰的筇竹寺，在筇竹寺吃了一碗素面，再走。走到所的时候已经到开晚饭的时候了。我们在一个大圆桌上，都是在北京的熟人，一起吃饭大家很高兴。吃着吃着饭，哇的一声人都跑了，吓我一跳，我想出什么事了。原来是厨师说每人再来一勺菜，一勺野菜，然后顾方舟他们就跑着去打那勺野菜了。

  当年是三年困难时期，我们是处于半饥饿状态在那奋斗。先说吃吧，吃是很重要的。每个星期天，闻仲权、董德祥、顾方舟还有我们，早晨九点吃完那顿饭，就背个网兜走路下山，在昆明看有什么吃的，当时肉星很

1962年，无菌培养试验溶液，昆明所（图片由中国医学科学院医学生物学研究所提供）

难见，然后要赶下午四点的那顿饭走路回来。那时候很馋，因为没东西吃。这边山上长野蘑菇，当地百姓会采，我们也在山上采。其实我们不会采，我们采的蘑菇有毒我们不知道，采回来油盐也没有，就跟当地的职工要了一点油盐。老闻卷起袖子，说我会爆炒，他一炒，我们每人分了半碗吃得可高兴了，吃完之后到黄昏全都中毒了，又吐又泻。那时候我还怀着孕，这蘑菇必须要熟透要多油，可那时候也不知道，这样吃的事多了去了，挺有意思。

这是说吃的方面，再就是工作条件。花红洞在选址的时候，很多北京的专家来看了都不赞成，说在这样的地方做生物制品，你生活怎么办，生产怎么办？所以不能够在这里建所。但是沈其震院长和顾方舟他们看了以后，沈院长问顾方舟意见，顾方舟说就在这里干，这里离城远，不在城边上，所以就在这建所了。当时这里是一片荒地，是个秃山，还有狼有豹子。盖好以后，还有人说中午在幼儿园的院子里，看到过豹子进来。

做实验要细胞，那时候用玻璃管，就是很细的小管子，玻璃管要搁在细胞盘上写好标签。一盘要搁100只细胞管，细胞盘得木工去做，做不出来这么多，我们就用那种浅抽屉做细胞盘。100只管子50个一排，还都有标签，都是不同的很复杂的东西，来回地滚，那操作的时候可得有本事了，我们都练出来了。玻璃管得加橡皮塞，得塞得紧，要不然透气的话二氧化碳就升高了，细胞就死了，那时候哪有像现在的这种锥形管。一个实验要用上千只管子，那时候又着急，有时候那玻璃管子折了，就伤了手，这手上都有疤，我们都落下了职业病。所以说我们做疫苗流血牺牲，真是流血啊。

还有我们要用猴子做安全实验，那时候没有任何的防护，就在笼子里徒手抓。猴子咬人啊，而且猴子它带有一种猴疱疹病毒，叫B病毒，那个是没有办法预防的，是致死性的上行性脑脊髓炎。被咬是常常会发生的事，就是有可能被感染死亡，那时候世界上有20多个人因为这个死亡，当然要赶上它急性期的时候才有传染性。那时候我们抓猴子，检定室的这些人包括女同志，没有不被猴子咬的，可为了工作咬就咬，得做实验啊。还有所里没有冰库,也没有恒温室,病毒的种子要冰冻保存,就在山下租冷库。生产细胞要种毒的时候,得去取毒种,咱们的职工趁着夜里低温走路下山,把冰冻的种子搁在背篓里背着再走路回来。山上的人都穿着无菌服等着,夜里毒种来了就赶快种毒开始生产。那时候大家跟着顾方舟干劲十足,一心想快出疫苗。

最开始我们来的人,特别是骨干,那时候都差不多30岁,家里有高堂老母,孩子还小,有的家里就只剩一个多病的老母亲和一个四岁的孩子在北京,他就来了。来这就开始工作,说不想家吗,很牵挂。又牵挂,也非常寂寞,因为我们在这里没有家,就是单身了。顾方舟每个周末就组织我们演出,有文艺晚会。我们很能折腾的,组织了四个声部的合唱,自己编小剧演。顾方舟唱歌唱得非常好,他是文艺活动的积极分子,在学校他就那样,所以他很会领着我们玩。做游戏的时候,大家各显其能,乐得不得了,顾方舟一点架子也没有,跟我们一起逗乐子。我举个例子,我们要比赛,比赛什么呢,说谁的耳朵会动,你会动吗?他会动,顾方舟动耳朵给大家看,可好玩儿了。他对干部的学习、培训,非常重视,我们的生活很贫瘠,但是我们的知识很丰富。图书馆员是从协和调来的,我们有好的图书馆员和图书馆,有国际上的最新资料,每周举行学术报告。

顾方舟在昆明所建所50周年的时候发言,第一句话他就说,为了消灭脊髓灰质炎,我们奉献了三代人,说到这里他哽咽了,很难过。我们迎着使命的召唤来,起初是协作,单身来,后来就举家迁来。有五位老太太都是在这里过世的。慈祥文雅的顾奶奶[①],从"文革"中第一次抄家她就卧床不起,很快就过世了。我的母亲是教授,也辞了工作跟我到这来。他们从北京等地来到花红洞以后,没有下过山也没有进过城,去不了。孩子们在这偏僻的山村里耽误了学业,顾方舟是心痛的。生物所的班车有一次翻到沟里,他马上从北京赶来慰问处理。我们心连心。

---

① 指顾方舟的母亲周瑶琴。

1964年，医学生物学研究所研究记录，试验人顾方舟、赵玫

2011年，赵玫与顾方舟重逢，于云南省疾控中心报告厅

生产与检定人员都希望制出合格的好产品，目标一致。但在实际工作中，因为双方所处位置与职责的着重点不同，难免发生矛盾。比如说 1960 年生物所在昆明生产的第一批 Sabin III 型疫苗的猴体试验结果，就有一只猴神经系统出现轻度脊灰样组织病理学病变，达不到暂行规程中"全阴性"的要求。中国人能否制出自己的脊灰活疫苗的问题，国际上都万众瞩目。我们就是要争这口气。脊灰流行疫区孩子翘首盼望疫苗的眼神刺痛着我们的心。生产人员从汗流浃背、搬砖清瓦到兢兢业业日夜加班所制出的疫苗怎能被卡住？而我作为检定负责人对该批不合规程的制品不敢发检定"合格"报告。因为生物制品都是儿童预防免疫用的，绝不能有"次品"。况且每批疫苗剂量达千百万人份，出问题的几率可能很低，但发生在一个家庭一个人身上就是百分之百。发错报告引起服苗后异常反应严重事故要负责任，为受害者养护终生，要坐牢的。生产者着急，检定者害怕。这就是矛盾之所在。至于原始制订规程的人是否有经验，所订标准是否合理，猴体试验的安全底线在哪里，谁也说不清。

钱信忠部长、沈其震副院长和顾方舟对我的汇报很重视。经过认真分析，参照其他产苗国报道和科学实验证明该批疫苗绝对安全后，我签字发货了。其后，一些国家及 WHO 报道的资料完全验证了我们当年的决定是正确的。

顾方舟一贯对质量很重视，与检定部门配合，全员培训，预防在先。对于检定部门发现的有关毒种研究、技术档案管理问题提出的证据都认真核查，确认后提出指导性意见。

"中国消灭脊灰第一人"的光荣称号，顾方舟是受之无愧的。

龚春梅口述实录

2016年8月11日，我们在中国医学科学院医学生物学研究所走访了原免疫室主任龚春梅同志。

龚春梅，女，1937年生，湖北武汉人，研究员。1960年昆明医学院毕业，同年10月到生物所工作。1982—1983年作为访问学者到澳大利亚临床病理研究所进修。曾担任生物所小儿麻痹疫苗生产室组织培养组组长，肠道病毒室克山病研究组组长，世界卫生组织肠道病毒研究参考合作中心免疫室主任，研究生导师。多年作为骨干参加以顾方舟为首的脊髓灰质炎活疫苗研制，主持和参加国家"七五""八五"人单克隆抗体研究。1993年获国务院政府特殊津贴。

龚春梅，2016年摄于昆明所

我父亲是搞军工的，他们在抗日战争时期就过来了，所以我从小学到大学都是在昆明上的。我1960年10月份就到昆明所，一直在这边工作到退休。

生物所建在离昆明市20公里的山区，当时道路不通，只有一条弯曲的小土路。1960年我们从北京学习回来，就到生物所报到。我当时背着简单的行李从黑林铺爬山上去。很多人都不知道生物所在哪里，我一边走一边问，心里很着急，真想哭一场，那个时候我二十多岁。一直走了三个多小时崎岖的山路才看到刚建好的大楼，心里才踏实了。那个时候职工宿舍没有盖好，我们被安排在招待所暂时住下。所里到处杂乱无章，堆放着大量建筑垃圾。实验室所有的仪器还没有到位，所以空荡荡的，地上还散落着水泥，必须蹲在地上用力才能铲除。我们工作人员分工打扫卫生，当时粮食供应不足，大家又累又饿，但是干工作毫无怨言。在这种情况下，大概用了一个多月才基本清理干净。这时候，顾老等到苏联学习的专家以及北京、成都的一部分专家分批过来了。

当时昆明的条件还是很艰苦的，他们大多数人从来没来过这。薛秀卿老师还带了一个没断奶的孩子，蒋竞武老师的丈夫身体不太好，还有两个小孩留在北京，她克服了很多困难来到昆明，很令人佩服。

那时候疫苗室分成四个大组，病毒组、组织培养组、溶液配置组、洗刷组。我们派往北京的六位同志，胡希民、史其兰、潘琴珍、张兢芳、沐桂藩被分别安排在不同的科室里面担任副组长，协助组长工作，我是组织培养的副组长。

那时昆明所电力供应不足，白天经常停电，所以实验工作都安排在晚上。由于所里面没有保存毒种的低温冰箱，毒种只有放在城里的昆明医学院保存。需要使用毒种的时候必须要当天拿回来，又没有交通工具，就派一些同志吃过晚饭以后步行到山下去取毒种。毒种拿回来以后就很晚了，回到所里差不多十点钟，从那个时候就开始工作。我们经常是晚上工作，白天短暂地休息。那时候国家对小儿麻痹症疫苗非常重视，经常有领导来视察，像朱德、周恩来、陈毅等好多领导都来过。他们来的时候我们在睡觉，大家没有机会看到周总理都感到很遗憾。

组织培养组主要是制备合格的猴肾单层细胞，供给病毒组接种病毒，制备疫苗。具体是取出猴肾，剪碎，用胰酶消化分散成单个细胞，按照一定的细胞数加入细胞培养液，注入大罗氏瓶。在37度温室中培养，一般7

天左右，细胞黏并，在黏并的表面形成一层细胞，然后挑选合格的细胞送到病毒组接种病毒。挑选细胞时，显微镜要放在37度的恒温箱里面，工作人员在37度的温室中工作两个小时左右，经常都是汗流浃背的，十分辛苦。那个时候我们所没有正常的自来水供应，从花红洞引来的水水质不太好；加上经常停电，恒温室温度不稳定，时高时低的，细胞长不好，有时候成批成批地废弃。我们看在眼里，急在心上。特别是以顾老为首的领导班子操碎了心，想尽各种方法。

卫生部要求要在一年内拿出合格的脊髓灰质炎疫苗，为了完成任务，经常是日以继夜地工作，白天要准备，晚上就开始做细胞了。在实验室穿着厚厚的无菌服，又怕细胞被污染了，要用紫外线一直照，照到第二天好多人眼睛都红肿了。另外有些人白细胞降低了，还有一些人患了水肿病。

另一方面改变制备细胞的方法，开始我们是沿用从北京生物制品所学来的电动搅拌法，就是组织块在一个瓶子中加上胰酶不断搅拌，使之分散成单个细胞，这种方法时间长而且不稳定，细胞容易破碎。通过分析，领导决定使用从文献上查到的电磁法，方法是把一个电磁搅拌器先放在瓶中，下面放一个磁力搅拌器，组织块在温和的条件下搅拌，细胞分散均匀，细胞膜不破碎，细胞得到良好的生产。使用改良方法后，细胞产量增加一倍，猴子用量减少了一半，节约了人力和物力。

另外溶液组为提高水的质量，也做了很多工作，比如说原来的水质不好，通过过滤和其他一些改良方法，使细胞能在良好的环境中生长。在恒温室方面，所领导和昆明电力局联系，保证了我所生产用电。条件和技术不断更新，为生产优质疫苗打下了良好的基础。1962年，成功实现单价疫苗产业化，并在全国推广使用。

根据统计，自20世纪60年代，脊灰疫苗研制成功至今，生物所为全国儿童计划免疫提供了50亿人份的疫苗，为控制和消灭脊灰疾病做出了重大贡献。我认为顾老是我国脊灰疫苗研制的开拓者。他为生物所的建立和发展，打下了良好的基础。他从苏联引进生产疫苗的毒种和技术，建立了一套规章制度，包括实验室的操作规程。另外，他的领导班子团结一致、廉洁奉公，特别是他自己以身作则，这种良好作风在我们所代代相传，到现在为止所里历任领导作风都比较好。

我举几个例子。在建所初期，交通非常不方便，一方面没有交通工具，再一方面路况很差。从我们所到筇竹寺只有一条小车才能开上来的土路，给大家的工作生活带来很大的麻烦。像那个时候，职工差不多一个月才能回昆明一次，下山跟家人团聚。在那种情况下，要建这条路还是势在必行，但是只能靠我们的双手。顾老在工作相当繁忙的情况下，带头劳动，我们经常看到他拉着小车来回运土，在他的带领下，全所职工共同努力，在很短的时间内，大概几个月，这条路就修好了。

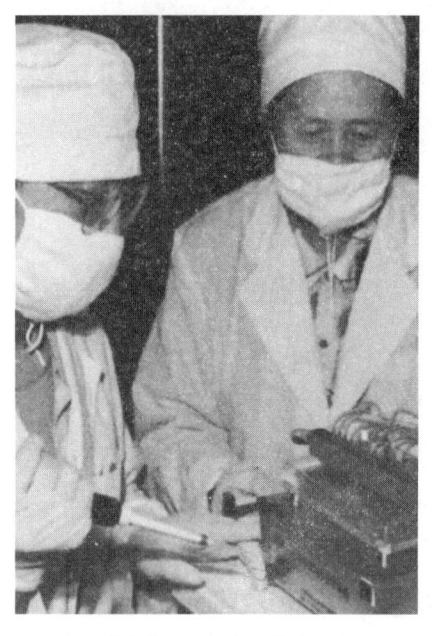

1994年，龚春梅（右）在观察杂交瘤细胞生长形态

另外有一次，在清理冷库时，有职工用酒精不慎引发了火灾，顾老首先冲到火海里面搬运物资，因他待的时间太长，一氧化碳中毒昏迷，被送去医院抢救，看到领导这样，很多人当时都哭了。另外他跟职工同甘共苦。他跟我们都在一个食堂吃饭，当时粮食供应不足，每人每月定量才24斤，当中还有一些杂粮像蚕豆，大多数人都吃不饱。那时候我们在一个桌子上吃饭，他谈笑风生，经常开玩笑，从来没听到他有什么怨言，他都没有觉得怎样，我们更是没有什么可抱怨的。因为国家整个都是这样，那我们作为这个所里的一员，更应该同甘共苦，共渡难关。顾老为了做好领导工作，减少后顾之忧，他开始是一个人从北京来昆明，后来把他爱人小孩也迁到昆明，包括他年迈的老母亲，一家人都搬过来了。

这在当时影响很大。顾老一个人过来就行了，因为他爱人本身就是搞业务工作的，她可以留在北京，他的母亲也都可以留在北京。因为昆明属于边疆，在建所初期的时候一切条件都很艰苦，他首先把家属都迁过来，所以后来有一些领导也把他们的家属都迁过来了，他起到了榜样的作用，榜样的力量是无穷的。

另外他注重人才培养，分批派各工种职工到北京去学习。我们六个人是第一批，我们在昆明医学院学完基础课，就到中国医学科学院还有军事医学科学院学习病毒知识。军事医学科学院办了一个病毒培训班，由苏联专家叫索柯洛夫主讲病毒学，还有北京一些知名专家如谢少文教授也来讲课，给我们病毒学方面打下了牢固的基础。培训班毕业后，我们又回到病毒所继续学习理论和技术操作。到1960年以后，苏联专家就全部撤走了。顾老分批派人到北京学习，比如广东有一批中专生，还有一些技术工人，包括洗刷瓶子、饲养动物的方法。这些人学习回来都成了各个部门的骨干。

疫苗生产开始以后，还不断请北京的专家来讲课，做文献报告。另外，他要求各个小组的负责人，每周都要做学习报告。那时候我们刚毕业，还不知道怎么做文献报告，我们就把一些文献从俄文、英文翻译成中文，然后再跟大家讲。开始的时候我们都很紧张，以后就习以为常了，觉得这方法挺好的。不仅自己得到锻炼，也使业务水平进一步提高。

另外我们所还开办了两期病毒学习班，效果都很好。就是科室领导及各组的负责人都要写讲义，当时我写组织培养和荧光抗体，讲稿写完后，分别讲课。一期大概三个月左右，学员毕业后分到各科室。后来他们都成了各科室的骨干，包括现在的所长李琦涵。

另外顾老很关心群众生活，为群众排忧解难。我举个例子。1964年领导派我带一个小组到吉林通化去做流行病学调查，当时我爱人在省人民医院搞临床工作，也在外地出差，我小孩才两岁多。我非常着急，这怎么办呢，没法落实。顾老知道后，让我把小孩放到他家里，他母亲给带，他那个时候已经有两个小孩，所以给他们增加了不少麻烦。我有点过意不去，但是我必须要出差，没有办法。后来我小孩（李峻）到多伦多读博士学位，顾老出差到多伦多，还专程去看他。

20世纪70年代，其他省的生活条件有所改进，但是昆明的条件还是比较艰苦，像肉、油等供应都很差。那个时候顾老已经调回到中国医学科学院当院长了，我们到北京出差的时候，他让他爱人帮我们炼猪油，炼好用装猪油那个大桶，一桶桶都给我们带回昆明，我们很感动。所以他跟大家的感情很好，大家一提起顾老，都伸大拇指。

1992年，在多伦多，顾方舟与龚春梅之子李峻（右）

2008年，在昆明所建所50周年纪念会上合影（左起：龚春梅，顾方舟，董德祥）

还有一件事。我和我爱人长期分居两地，而且两人的工作都很忙，小孩得不到很好的照顾，经常生病。考虑再三，我要求调到市里工作，领导同意后，我调到昆明医学院的肿瘤实验室。但是到了那里以后，专业不对口，好像鱼离开水一样，没有着落，心里面空落落的。后来顾老出差到昆明，知道我的情况后找我谈话，他说你们这批同学，都是国家花了大力气培养的病毒学的技术骨干，很不容易，你现在正是年轻力壮的时候，应该报效祖国。一番话说得我很惭愧。我那时才39岁，应该是正当年的时候，国家对我们那么用心培养，我也多次到外地进修学习，在工作中也得到不少荣誉。而且我到那个医学院工作，确实也不适应，感情就不对，总觉得那个环境不合适，就同意调回生物所。顾老亲自跟昆明医学院领导讲，调我回去，回所后确实感到得心应手，能够发挥自己的作用。

我一方面在脊髓灰质炎疫苗的生产研究方面做了一些工作，另外做了部分流行病的研究。后来我到澳大利亚去进修，也是有关病毒免疫还有早期诊断。回国以后我主要是从事单克隆抗体、肺癌的早期诊断方面的工作。

克山病最初是在东北发现的，后来我们云南楚雄的克山病发病率也很高，特别是一些小孩，会突然发病死亡，搞不清楚原因。解剖以后发现心脏心肌受损，分析联系了一下，可能跟克山病有一定的关系。克山病在东北主要是水土里缺乏硒，云南到底是什么情况不太清楚。后来省里面组织了克山病的研究所，有的是从临床方面，有的是从流行病学方面，因为我是搞病毒的，能够从病毒方面做些工作。我们也到楚雄，现场搜集了一些死亡病例的标本，还有患病小孩的一些血液标本回来做工作。我们从病毒分离和血清学调查方面，分离出一株病毒叫柯萨奇A9，这可能是云南克山病的病因之一，还不好说是全部病因。这个成果后来得到卫生部的嘉奖。这些都是跟小儿麻痹病毒没有太大的关系。

总之，顾方舟是个好领导、好导师，是我从事病毒学研究的指路人。每当我遇到困难的时候，他都给予帮助，该批评就批评，该教育就教育，对我整个人的成长发展，可以说呕心沥血。这种生活和工作中的琐碎小事还有很多，我当时也做了一些日记，现在回想起来还历历在目。

李琦涵、车艳春口述实录

2016年8月11日,我们在中国医学科学院医学生物学研究所走访了所长李琦涵、科研处处长车艳春。

李琦涵,2016年,昆明所

车艳春,2016年,昆明所

我们所是1958年在卫生部的大力支持下,为了应对当时严重危害中国儿童的脊髓灰质炎决定成立的。当时是顾老他们率先在这工作,而且到苏联学习疫苗研制的技术,最后在我们所成功研制出了可以称之为全球第一个脊髓灰质炎的糖丸减毒活疫苗。在这个过程中,顾老带领我们所的相关人员做了大量基础性的研究工作,尤其是在脊髓灰质炎、病毒学、免疫学及相关领域。我们在1962年的时候推出了糖丸疫苗,随后这个疫苗开始在全国广泛推广和应用。这个过程带动了我们所疫苗的研发，以及相关学科的发展，还有人才团队的培养。

20世纪70年代因为"文革"的原因，工作受到一定的影响。但是在那样艰难困苦的情况下，生物所成为为数不多的，在国内始终能够坚持疫苗生产的单位，保证为儿童提供足量的疫苗。"文革"结束以后，生物所得到一个比较大的发展。在20世纪80年代，世界卫生组织的很多专家到中国来访问，当他们看到当时医学生物学研究所疫苗生产制备的简陋条件，而这种条件下中国在控制脊髓灰质炎的领域里面做出了极大的贡献，他们表示非常赞叹。

在前期所做的大量有关脊髓灰质炎疫苗研制的基础性研究和应用开发性研究的基础上，1988年，我们所成功推出了全国第一个具有完全自主知识产权的甲型肝炎减毒活疫苗。这个疫苗在后面控制我们国家甲型肝炎的爆发流行及降低发病率的过程中发挥了重要的作用。因为1988年上海发生了一次大型的甲型肝炎爆发和流行，随后在一定范围内，对人群健康造成了严重的威胁。当时推出的是减毒活疫苗，后来我们又进行了生产工艺的改进，还有制剂配方方面的突破，后续又推出了甲型肝炎减毒活疫苗的冻干剂型，以及甲型肝炎的灭活疫苗，形成了中国最大的甲型肝炎系列疫苗的研制和生产基地。医学生物学研究所始终秉持从基础研究到应用研究到产业化三位一体的发展模式，这个模式应该说延续到了今天。

现在这个体系已经得到了比较完善的发展，今天生物研究所具有非常全面的学科平台，这对于疫苗学的整体发展，起到了显著的支撑作用。这也是这些年来我们能够在疫苗领域里面抓住一些机遇，研发并且生产、上市一些国家需要的疫苗产品的原因。我们所现在也基本形成了研究和教育的基地，每年要培养很多研究生。科研和教育这些基础研究领域的工作相互支持，促进应用基础和产业化的发展。

2000年以后，中国已经作为无脊灰国家列入世界卫生组织的名单，这意味着我们国家基本上是没有野毒株引起的脊髓灰质炎了。但是2011年在新疆出现了一些输入性的野型脊髓灰质炎毒株，引起了脊髓灰质炎的流行，这对一个无脊灰的国家来说，确实是一个很大的挑战。引起这个流行的是

昆明所（花红洞），2016 年

昆明所（马金铺新址），2016 年

糖丸锅，2016 年于昆明所（马金铺新址）

Ⅰ型病毒，从世界卫生组织的专业要求来说，这样的情况只需要使用Ⅰ型的、单价的疫苗。因为中国在20世纪六七十年代以后，已经形成了三价疫苗的模式，单价的疫苗生产资质很多家基本上都放弃了。只有我们所因为工作需要和作为世界卫生组织肠道病毒参考合作中心，考虑到这些问题可能今后会影响我们的工作，所以始终保留着这样一个文号。因此当疫情发生的时候，世界卫生组织提出相应的技术要求，那个时候只有我们所能够提供这样的疫苗。我记得好像是国庆节前后的事，还在放假，陈竺当时任卫生部长，他给我打了个电话，要求我们马上提供疫苗，加班赶出来。在卫计委和药监局的支持下，我们当时以很快的时间，大概一个月内，全部完成了这些工作，及时把疫苗送到了新疆，为那一次控制突发事件也提供了一些支持。我记得大概在一千万到一千二百万的剂量。

我们的科学家也与时俱进，看到了最终消灭脊髓灰质炎将成为全球各个国家公共卫生关注的重点。要实现全球消灭脊髓灰质炎这样一个终极目标，必须要用灭活疫苗代替减毒活疫苗。全球确定要继（20世纪）70年代消灭天花以后，把脊髓灰质炎作为通过公共卫生的防控措施来消灭的第二个传染性儿童疾病。为了实现这个目标，我们的科学家从（20世纪）80年代开始，陆陆续续开展了一些有关灭活疫苗的研究工作。但是当时甚至到2000年前后，我们国家整个科技经费的投入不像现在这么高，没有太多经费的支持，要开展这方面的研究，只能在完成其他生产任务的同时，利用一些工作间隙，或者是生产过程中的一些条件，断断续续地开展相关的研究工作。所以整个灭活疫苗研究的进程非常缓慢。

到了2000年，我们得到了云南省科技厅第一笔对灭活疫苗的专项经费支持，就20万。当时我们欣喜若狂，觉得是我们拿到最多的一笔经费，依托这20万做了大量关于细胞培养、病毒培养、工艺开发，还有质量控制等方面的研究工作。应该是2007年的时候，我们拿到了脊髓灰质炎灭活疫苗一期二期临床实验的批件，随后我们就在广西疾病预防控制中心开展了一期二期的临床研究。在2010年完成临床研究以后，把研究的结果上报到国家食品药品监督管理总局。他们评审完成以后，在2011年发了三期临床研究的批件。到 2013 年 2 月，我们完成了全部的三期临床研究工作。又经过长达两年时间的新药评审，终于在 2015 年 1 月，我们的脊髓灰质炎灭活疫苗，就是用 Sabin 株研制的灭活疫苗，获得了新药证书和生产文号。

这是一个全球首创的疫苗，它不但在全球最终实现消灭脊灰这样的目标中发挥重要作用，最关键的一点是，在整个生产工艺的要求中，对生物安全级别的要求只需要达到二级，换句话说就是对生产设施建设的投入可以大大降低。因此，特别适合在发展中国家进行推广使用，因为生产设施的投入降低了，整个疫苗的生产成本也就降低了。发展中国家要大量使用灭活疫苗，必须使用这种成本价格比较低廉的产品。所以它最最重要的一个公共卫生的意义就在这。

去年（2015 年）7 月份，我们首批经过中国食品药品检定研究院批准签发的合格疫苗已经正式投放市场。到目前为止，我们生产了几百万的疫苗，供应我们国家的儿童计划免疫。

今年（2016 年）4 月 29 号，国家卫生计生委根据世界卫生组织的号召和要求，制定了我们国家新的脊髓灰质炎免疫策略。要求把至少一剂的脊髓灰质炎灭活疫苗加入我们整个免疫程序里，所以顾老可以放心了。因此我们相信，这个疫苗不但在我们国家，甚至于未来几年在一些发展中国家，消灭脊髓灰质炎的过程中会发挥一个关键的作用。同时我们也在进行疫苗生产线产能扩大的工程建设，去年就已经开始启动相关的设计，预计整个厂房的建设在 2018 年年底完成。我们首先是申请国内 GMP[①] 认证，GMP 认证过了以后，我们同时会申请世界卫生组织的 PQ 认证[②]，相关认证的准备工

---

① 产品生产质量管理规范（Good Manufacturing Practice），是一套适用于制药、食品等行业的强制性标准，要求企业从原料、人员、设施设备、生产过程、包装运输、质量控制等方面按国家有关法规达到卫生质量要求。
② 世界卫生组织 PQ 认证，即 Prequalification（生产预认证）是 WHO 在 2001 年建立的一套针对抗艾滋病类药物、抗疟药、抗结核药的评审程序。后又陆续增加了针对生殖保健药品、锌剂、流感类药品、抗病毒类药物、抗菌药物、原料（API）、疫苗和检测试剂（RDT）等产品的认证，其受理的产品范围和品种正逐渐放大。

作已经在进行当中。

PQ认证通过以后，意味着我们的这个疫苗可以出口到发展中国家，或者是向联合国儿童基金会采购的GAVI（全球疫苗免疫联盟）这个组织提供我们这个非常低价的疫苗，使非洲、东南亚一些发展中国家也能够用得上这个疫苗，借助这个疫苗的认证和出口，为全球最终实现消灭脊灰这样一个目标做出新的贡献，为在我们国家甚至于全球消灭脊灰的公共卫生事业中做的贡献画上一个圆满的句号。

另外一方面借助OPV疫苗（脊髓灰质炎减毒活疫苗）的研发及生产过程，也促进了我们所在肠道病毒相关研究领域的发展，包括学科建设的发展，部分技术体系的建立和完善。我们在1982年的时候就成为世界卫生组织的肠道病毒参考合作研究中心，随后围绕着肠道病毒开展了一系列基础研究和应用开发研究，包括免疫学、病毒学、血清诊断学等方面。1988年当安徽阜阳爆发了严重的手足口病疫情的时候，我们所在卫生部副部长的专门指定下，带领我们所的团队，带上我们的一些诊断试剂到阜阳，帮助进行一些手足口病病源的鉴定、分离等工作。在完成工作的同时，我们也从分离得到的一些毒株中，筛选了一株，用于后续相关疫苗的研发。我们筛选到毒株以后，在现有的人二倍体细胞上进行了培养，建立了相应的比较先进的细胞工厂的生产工艺，完善了它的质量控制体系建设。

因为那段时间手足口病疫情频繁爆发，对儿童健康形成了新的威胁，在那样的大背景下，当时的食药总局还划归在卫生部下，所以卫生部专门开辟了绿色通道，对属于国家急需的，儿童疾病、儿童传染病防控所急需的疫苗产品进行审批。我们是2009年完成了肠道病毒71型灭活疫苗的全部临床前研究，申报了临床试验批件，2010年获得了一期二期三期全部临床试验批件。随后我们在广西完成了共12000多人共三期的临床试验，临床试验也充分证明了我们这个疫苗的安全性和有效性，对于EV71型病毒感染引起的儿童手足口病的保护效力达到了97.3%，对重症和死亡的保护效果是100%。这个疫苗也是属于全球首创，是全球首个预防由肠道病毒71型

细胞发酵罐，2016年于昆明所（马金铺新址）

疫苗包装，2016年于昆明所（马金铺新址）

感染引起的儿童手足口病的疫苗，在 2015 年 12 月初获得了新药证书和生产批件，正式进入产业化生产。

应该说借助顾老前期开展工作打下的基础，不管是技术、疫苗研发，还有人才团队培养等，都对我们后续这些新型疫苗，尤其是这两个全球第一个国家一类新药的研制，打下了非常好的基础。我们目前还在开展大量紧紧围绕儿童传染病防控所需的一些传染病疫苗的，病毒性传染病疫苗的研发，包括另外一个 F 基因型腮腺炎减毒活疫苗的研制，基于 Sabin IPV 的一些联合疫苗，DTaP-SIPV 四价或者 DTaP-SIPV-Hib[①] 五价联合疫苗的研发、乙型脑炎纯化疫苗、轮状病毒灭活疫苗等等一系列新型疫苗的研发。这些研发我们有在进行三期临床的，也有在二期临床的，还有一些在一期临床甚至于临床前研究的。这一系列产品的研制，保证了我们所的可持续发展。

按照国家今年（2016 年）公布的最新脊灰免疫的策略，计划自 5 月 1 日起采用序贯免疫方式，序贯就是一剂 IPV 加三剂 bOPV，bOPV 就是双价的 OPV 减毒活疫苗。采取这样一个过渡策略，计划到 2018 年的时候全球 OPV 都停止使用，全部使用灭活疫苗 IPV。之所以这样过渡，是这个时期 IPV 的产能不能完全满足儿童计划免疫这样一个需求，这样的免疫策略也是世界卫生组织推荐的。目前我们产能的设计和生产任务的安排，是围绕这个策略进行的。首先肯定还是以 IPV 为主，现有的设施生产 IPV 应该可以达到每年 600 万剂以上，同时进行产能扩大生产线建设的工作，还有 PQ 认证的准备；另外一方面我们的 bOPV，目前也已经完成了全部的三期临床研究，最近应该会申报注册批件，等国家药监局批下来以后，我们也能够投入生产。应该说两个产品的生产，我们现在都是按生产计划的要求最大负荷地安排。IPV 目前全国只有我们一家能生产，bOPV 除了我们还有中生

---

① DTaP 是吸附无细胞百白破疫苗，SIPV 是新型灭活脊髓灰质炎疫苗，Hib 是 b 型流感嗜血杆疫苗，合在一起是联合疫苗。

集团（中国生物技术集团公司），但是他们的产能也不能满足全国儿童免疫规划的需求，因为要打三针，如果按每年 1800 万左右新生儿出生率计算的话，bOPV 的需求量也将近五千多万，需求量还是很大。

顾方舟年表

1926 年

6月16日，在上海出生。

1930 年

父亲顾国光得黑热病去世，母亲周瑶琴带着四个孩子（包括小叔）投靠娘家，在宁波租房安家。

1932 年

开始在宁波瀚香小学读书。

为养活全家，母亲投考杭州广济产科专门学校学习助产。

1935 年

随母亲移居天津，母亲在天津挂牌营业成为助产士，靠接生养活孩子们。

在天津浙江小学继续读书。

1938 年

开始在河北昌黎汇文中学读书，热爱体育和文科。

1941 年

考取燕京大学附属中学。半年后太平洋战争爆发，学校关闭。

后在天津工商学院附属中学读高中。

1944 年

9 月，考取北京大学医学院，进入小班，开始为期六年的学习。

1947 年

除学习专业课程外，开始接触进步同学，参加中共地下党组织的什坊院义诊活动，参加了"反内战、反饥饿"大游行，与同学一起组建了长庚社剧团。因为学生自治会的活动，结识相伴一生的妻子李以莞。

1948 年

10 月 12 日，秘密成为中共预备党员，预备期三个月后成为正式党员。

1949 年

在北京医院实习。

1950 年

7 月，大学毕业，分配到大连卫生研究所，在噬菌体科工作。

1951 年

8 月 8 日，与李以莞在北京结婚。

8 月 13 日，作为新中国成立后第一批派往苏联的留学生，赴苏联学习。在苏联医学科学院病毒学研究所，跟随著名病毒学家丘马可夫学习，论文题目为《乙型脑炎的免疫机理和发病机理》，获副博士学位。学习期间四年未归国，与当地的老师和同学结下了深厚的情谊。

1953 年

以钱三强为团长的中国科学院代表团访问苏联，担任翻译并随团参观。

1955 年

9 月，回国，在卫生部直属的中央人民政府卫生部流行病学研究所工作，继续乙型脑炎方向的研究。

1956 年

6月，参加全国十二年科学规划会议，会上决定成立中国科学院和中国医学科学院。

1957 年

由苏联专家索柯洛夫点名指定，应中国人民解放军军事医学科学院邀请，带领实验室团队借调到该处进行脊髓灰质炎的研究。

1958 年

与团队一起，利用组织培养的技术，分离出了脊灰病毒，在国内第一次从病原学的角度证明了上海脊髓灰质炎的流行是由脊灰病毒引起的。

随中国医学科学院沈其震院长到云南昆明考察，选定玉案山作为脊灰疫苗的研究生产和猿猴繁育基地。职工们自己动手，兴建馆舍、道路。

1959 年

由军事医学科学院调回中国医学科学院工作。

3月，受中国医学科学院委派，作为带头人与董德祥、闻仲权、蒋竞武一起，到苏联俄罗斯联邦疫苗与血清研究所考察脊髓灰质炎灭活疫苗的情况。在莫斯科，参加了当时国际性的脊灰疫苗学术会议，也通过导师和同学，了解到活疫苗的情况。通过比较和分析，向卫生部推荐了活疫苗的技术路线。

6月，带 Sabin 原始活疫苗样品回国，交给卫生部，又返回苏联继续考察。

9月，考察小组完成任务回国。

10月，由北京生物制品研究所、成都生物制品研究所等一些单位的同志，一起组成了协作组，顾方舟牵头当组长，在北京实验性地进行 Sabin 型脊灰活疫苗的试生产。

1960 年

3 月，制成我国第一批脊髓灰质炎减毒活疫苗。

第三期临床试验，在北京、上海等 11 个城市先后近 500 万个孩子中试服，经过了流行高峰期，达到了流行病学的研究效果。

被评为北京市先进生产者。

长子顾烈东出生。

1961 年

10 月，周恩来总理视察昆明中国医学科学院医学生物学研究所，顾方舟汇报脊髓灰质炎活疫苗的生产情况。

1962 年

提出改进液体疫苗试剂，与团队一起研制成功脊灰糖丸活疫苗。

应邀参加莫斯科第八届国际肿瘤学术会议。

1964 年

任中国医学科学院医学生物学研究所副所长，总体负责疫苗的生产。

举家迁往昆明，决心扎根昆明，为脊灰奉献一辈子。

1965 年

次子顾烈南出生。

1967 年

"文化大革命"期间，全家的工作和生活受到影响，母亲因受惊吓生病去世。副所长的职务被中止，被派去猴舍喂猴子。

1970 年

小女儿顾晓曼出生。

1971 年

所谓"假党员"事件已查清楚，被重新调回北京中国医学科学院工作。开始带病毒学方面的研究生。

1973 年

开始担任中国医学科学院首都医院（即北京协和医院）副院长，至 1975 年。

1977 年

担任卫生部西北医疗队敦煌中队中队长，至 1978 年。

1978 年

开始担任中国医学科学院副院长、中国协和医科大学副校长，至 1984 年。

作为主要参与者之一的"脊髓灰质炎活疫苗的研制"项目获 1978 年全国科技大会奖。

12 月 25 日，被聘为中国医学科学院第一届学术委员会委员。

1981 年

3 月 1 日，被聘为卫生部医学科学委员会委员。

1984 年

开始担任中国医学科学院院长、中国协和医科大学校长，至 1992 年。

1985 年

始任中华医学会常务理事、荣誉理事，至 1995 年。

始任中国免疫学会理事长、名誉理事长，至 1995 年。

11 月，被北京市人民政府聘为北京市科学技术进步奖评审委员会委员。

1986 年

始任中国生物医学工程学会理事长、名誉理事长，至 1993 年。

始任中国科学技术学会常务委员、荣誉委员，至 2001 年。

4 月，被聘为北京市人民政府医药工业顾问组第二届顾问。

9 月，当选北京市科学技术协会第三届委员会副主席。

10 月 10 日，被聘为国家自然科学基金委员会学科评审组成员。

12月10日，被聘为《国外医学病毒学文摘》第一届编委会委员。

1987年

被选为第九、十届北京市人大代表，至1996年。

被聘为英国皇家内科学院（伦敦）院士。

被聘为《中国医学科学报》第二届编委会主编。

1988年

先后被选为第七、八届全国政协委员，至1997年。

5月30日，被卫生部聘为《中国医学通史》编审委员会委员。

1989年

5月30日，被聘为澳大利亚坎伯兰卫生科学院名誉院士。

1990年

被聘为欧洲科学、艺术、文学科学院院士。

1991年

始任北京市科学技术协会主席，名誉主席。

被聘为第三世界科学院院士。

1992年

1月，当选为中国社会发展科学研究会第一届理事会常务理事。

2月29日，被聘为中国医学基金会理事会理事，为期两年。

获中国医学科学院脊髓灰质炎活疫苗项目重奖。

1993年

担任中国医学科学院、中国协和医科大学顾问，至2002年。

1月13日，被聘为中国医学基金会理事。

5月，被聘为中国医药生物技术协会高级顾问。

10月，被聘为中国免疫学会名誉理事。

12月，参加研究的乌鲁木齐TORCH各感染因素的流行病学及对围产母婴危害的研究获1993年新疆维吾尔自治区科学技术进步奖二等奖。

1994 年

始任何梁何利基金评选委员会委员，至 2011 年。

任国际科学联盟理事会（ICSU）国家成员，任期两年。

1995 年

1 月 14 日，被聘为海峡两岸医药卫生交流协会顾问。

11 月，完成脊髓灰质炎单克隆抗体诊断试剂盒项目获国家科技成果完成者证书。

1996 年

1 月，被聘为《科学》杂志编委，聘期两年。

1997 年

9 月，被授予北京市科协第五届委员会名誉主席。

11 月，被聘为全国优秀科技工作者评审委员会委员。

1998 年

1 月 27 日，被卫生部聘为国家消灭脊髓灰质炎证实工作委员会委员，后前往广西等多地督导"无脊灰"工作。

被评为北京市先进科普工作者。

1999 年

被聘为《中国科学技术专家传略》总编纂委员会委员。

6 月 1 日，被聘为 CMB（美国中华医学基金会）资助项目咨询专家组专家，任期三年。

2000 年

7 月 11 日，和其他委员一起，在中国消灭脊灰证实报告上签字。

始任北京市人民政府专家顾问。

2001 年

获何梁何利基金科学技术进步奖。

被卫生部授予全国消灭脊髓灰质炎工作先进个人称号。

11月6日，被聘为中国医学科学院微循环研究所学术委员会顾问，任期五年。

2003年

9月25日，当选国际老年痴呆协会中国委员会主席，至2008年。

2004年

4月26日，被授予中国医学生物工程学会荣誉会员。

2007年

12月5日，被中国医学基金会授予公益事业关爱奖。

2012年

被中国免疫学会授予"终身成就奖"。

12月，被中国医学科学院、北京协和医学院授予"终身成就奖"荣誉称号。

2013年

11月，获中华预防医学会"公共卫生与预防医学发展贡献奖"。

2016年

为主完成的"脊髓灰质炎系列疫苗的研制及其在中国儿童计划免疫中的应用"项目获评中国医学科学院建院60周年十大科技成就奖。

2017年

被评为北京协和医学院一级教授。

顾方舟作品

著译作

顾方舟主编:《脊髓灰白质炎活疫苗研究资料汇编》,中国医学科学院情报研究室1961年版。

顾方舟主编:《脊髓灰质炎防治手册》,1973年版。

顾方舟编:《脊髓灰质炎》,上海科学技术出版社1984年版。

顾方舟主编:《淋巴细胞杂交瘤技术的应用》,人民卫生出版社1985年版。

顾方舟,卢圣栋主编:《生物技术的现状与未来》,北京医科大学、中国协和医科大学联合出版社1990年版。

顾方舟,王明时等:《医药科学和生物医学工程》,山东教育出版社1998年版。

顾方舟:《健康在您手中》,上海科技教育出版社2001年版。

〔英〕库什埃利,贝克:《医学研究入门》,丁濂、顾方舟等译,人民卫生出版社1981年版。

〔美〕施密特,埃蒙斯主编:《病毒、立克次体及衣原体疾病诊断技术》第六版,顾方舟等译,北京医科大学、中国协和医科大学联合出版社1993年版。

论文

顾方舟,肖继何,朱德钟,吴冰,郭成周:"上海市脊髓灰白质炎病毒的分离与定型",《中华寄生虫病传染病杂志》,1958,1(4):228—231。

М.И. 索柯洛夫，顾方舟："小儿麻痹的预防"，《中华儿科杂志》，1958，9（5）：440—442。

顾方舟："小儿麻痹减毒活疫苗的目前状况与前景"，《生物制品通讯》，1959（3）：17—24。

顾方舟，王敏超，陈德惠，刘宗芳："由脊髓灰质炎及疑似脊髓灰质炎患者分离 Coxsackie 病毒的初步报告"，《人民保健》，1959（2）：152。

顾方舟，毛江森，李雪东："1960 年在我国大规模试用国产脊髓灰白质炎减毒活疫苗的初步总结"，《脊髓灰白质炎活疫苗研究资料汇编》，1961：1。

顾方舟，董德祥，蒋竞武，闻仲权，陈醒民，卢宝兰，沐桂藩，罗国祥，张兢芳："制造和检定脊髓灰质炎口服活疫苗的几点经验"，《脊髓灰白质炎活疫苗研究资料汇编》，1961：24。

毛江森，沐桂藩，王政，龚春梅，顾方舟："脊髓灰白质炎减毒活疫苗（Sabin 氏减毒株）在小儿肠道内的繁殖动态"，《脊髓灰白质炎活疫苗研究资料汇编》，1961：101。

王敏超，曾毅，沐桂藩，顾方舟："1959 年北京市肠道病毒的分布"，《脊髓灰白质炎活疫苗研究资料汇编》，1961：119。

顾方舟，曾毅，毛江森，刘宗芳，王见南："7 岁以下小儿口服脊髓灰白质炎三型混合减毒活疫苗的血清学反应"，《中华医学杂志》，1961，47（7）：423—428。

刘宗芳，曾毅，毛江森，顾方舟："北京市城区和郊区农村健康居民脊髓灰白质炎中和抗体的调查"，《中华医学杂志》，1961，47（7）：429—431。

顾方舟，毛江森，李雪东，王见南，刘宗芳，王敏超："国产脊髓灰白质炎口服活疫苗的病毒学、血清学及流行病学的一些研究资料"，《中华医学杂志》，1962，48（5）：312—315。

毛江森，刘宗芳，阚履篾，王见南，顾方舟："小儿口服脊髓灰白质炎单价活疫苗（Sabin 氏减毒株）的免疫学效果：I. 血清学反应"，《中华医学杂志》，1962，48（7）：411—414。

顾方舟，王敏超，曾毅，王见南，沐桂藩，王政，周秀兰："1959—1961

年北京市健康儿童肠道病毒分布的研究",《中华儿科杂志》，1963，12（1）：16—20。

曾毅，张兢芳，顾方舟："国产胎盘球蛋白中肠道病毒（ECHO 及 Coxsackie）中和抗体的测定",《中华儿科杂志》，1963，12（1）：21—23。

顾方舟，毛江森，沐桂藩："Coxsackie 病毒对脊髓灰质炎活疫苗病毒在小儿肠道内繁殖的影响",《中华医学杂志》，1963，43（2）：86—88。

顾方舟："流行性乙型脑炎免疫机制中若干问题的研究",《微生物学报》，1963，9（1）：59—64。

毛江森，顾方舟："重水（D_2O）对脊髓灰白质炎减毒株及有毒株在组织培养中繁殖的影响",《微生物学报》，1963，9（1）：65—70。

曾毅，王政，顾方舟："红血球对 Echo 6 D'Amori 毒株和脊髓灰质炎病毒的吸附及其与血凝的关系",《微生物学报》，1964，10（3）：357—362。

李雪东，顾方舟："1962 年河北某镇健康居民脊髓灰质炎中和抗体的初步调研"，宣读于 1964 年全国脊髓灰质炎活疫苗效果总结会。

曾毅，王政，顾方舟："不同细胞对 Echo 6 D'Amori 毒株的血凝能力改变的影响",《微生物学报》，1965，11（1）：125—131。

顾方舟，王政："口服脊髓灰质炎活疫苗儿童免疫力维持时间的研究",《微生物学报》，1965，11（3）：305—310。

曾毅，王政，顾方舟："传代细胞对 Echo 病毒的敏感性及对其血凝能力改变的影响",《微生物学报》，1965，11（3）：335—339。

顾方舟："怎样预防小儿麻痹症",《护理杂志》，1965，5：309—310。

董德祥，顾方舟，闻仲权，钱旭初，沐桂藩，苏诚钦："脊髓灰质炎糖丸活疫苗的效力保存试验",《生物制品通讯》，1965（6）：24—26。

顾方舟："关于使用脊髓灰质炎活疫苗若干问题",《中级医刊》，1979，1。

顾方舟，孙月英，李素萍，李维荣："酶联免疫吸附法（ELISA）测定乙型脑炎病人血清中特异性 IgG",《北京医学》，1981，1。

顾方舟："酶联免疫吸附法（ELISA）测定乙型脑炎病人血清中特异性 IgG"（摘要),《中国医学科学院学报》，1981，2。

顾方舟，沐桂藩，王幼安："分泌脊髓灰质炎Ⅰ型单克隆抗体的杂交瘤细胞株 E_{55} 的建立（简报）"，《中国医学科学院学报》，1981，4。

沐桂藩，孙月英，白汉玉，顾方舟："病毒性脑炎、脑膜炎的病原学探讨"，《北京医学》，1982，4。

顾方舟，杜文慧，孙月英，李明珠，李素萍："乌鲁木齐市维吾尔族及汉族各年龄居民风疹血凝抑制抗体的调查"，《中华流行病学杂志》，1982，3（6）：321—325。

顾方舟，沐桂藩，王幼安："型特异和株特异的抗Ⅰ型脊髓灰质炎病毒的单克隆抗体"，《中华医学杂志》，1983，63（2）：69—72。

顾方舟，沐桂藩，王幼安："淋巴细胞杂交瘤学术会议论文摘要——25个分泌抗 Sabin Ⅰ型疫苗株 McAb 杂交瘤细胞系的建立及其在抗原分析中的应用"，《中国医学科学院学报》，1983，6。

顾方舟，王树蕙，孙月英："酶联免疫吸附法（ELISA）在Ⅲ型脊髓灰质炎病毒 McAb 的筛选以及抗原分析中的应用"，《中国医学科学院学报》，1983，6。

顾方舟："向生物医学的广度和深度进军"，《中国医学科学院学报》，1983，6。

顾方舟，沐桂藩，王幼安："25个分泌抗 Sabin Ⅰ型疫苗株单克隆抗体杂交瘤细胞系的建立及其在抗原分析中的应用"，《中国医学科学院学报》，1984，3。

孙月英，李素萍，顾方舟："酶联免疫吸附法测定流行性乙型脑炎患者血清中 IgM 抗体"，《北京医学》，1984，4。

刘阳，顾方舟："脊髓灰质炎病毒的变异性与鉴别研究"，《国外医学·生物制品分册》，1984，4。

刘阳，顾方舟："人肠道病毒的共同抗原问题"，《国外医学·微生物学分册》，1985，1。

顾方舟，王树蕙，孙月英，范瑞莲，龚新昌："脊髓灰质炎Ⅲ型病毒 RNAT1-寡核苷酸指纹图谱的比较"，《病毒学报》，1985，3。

刘阳，顾方舟："合成肽链疫苗的理论和实践"，《国外医学·微生物学分册》，1985，5。

顾方舟，王树蕙，孙月英："应用 ELISA 筛选脊髓灰质炎病毒单克隆抗体及其抗原分析"，《中国医学科学院学报》，1985，5。

沐桂藩，王幼安，顾方舟："抗肠道病毒 71 型单克隆抗体的制备和在抗原分析中的应用"，《中华微生物学和免疫学杂志》，1985（5）：311—312。

顾方舟，沐桂藩，董德祥，姜丽："用单克隆抗体对 100 株脊髓灰质炎 I 型病毒的抗原分析"，《中华预防医学杂志》，1985（19）：265。

刘阳，沐桂藩，顾方舟："脊髓灰质炎病毒的一个高度保守与稳定的中和抗原决定簇"，《中华微生物学和免疫学杂志》，1985（5）：229—232。

刘阳，顾方舟："人小核糖核酸病毒中和抗原的研究"，《国外医学·微生物学分册》，1986，2。

郭娟如，朱传榲，郭异珍，沐桂藩，吕华，顾方舟："手足口病 31 例临床及病原学分析"，《实用儿科临床杂志》，1986，2。

沐桂藩，吕华，顾方舟，郭娟如，朱传榲，郭异珍："北京市手足口病的病原学研究"，《病毒学报》，1986，3。

刘阳，顾方舟："单克隆抗体免疫斑点试验用于脊髓灰质炎病毒定型的初步研究"，《中国免疫学杂志》，1986，3。

李初梅，顾方舟，陈伯权："七株抗风疹病毒单克隆抗体杂交瘤细胞株的建立"，《医学研究通讯》，1986，3。

李初梅，顾方舟，陈伯权："检测风疹抗体的新技术新方法"，《国外医学·微生物学分册》，1986，5。

李初梅，顾方舟，陈伯权："先天性风疹病毒感染的研究进展"，《国外医学·流行病学传染病学分册》，1986，6。

顾方舟："小核糖核酸病毒科"，黄祯祥主编《中国医学百科全书·病毒学》，上海科学技术出版社 1986 年版，第 57—59 页。

李初梅，顾方舟，陈伯权："分泌抗风疹病毒 McAb 杂交瘤细胞株的建立及其初步应用"，《中国医学科学院学报》，1987，2。

李初梅，顾方舟，陈伯权："应用二种酶联免疫法检测孕妇血清中的风疹病毒抗体"，《中国免疫学杂志》，1987，3。

李初梅，顾方舟，陈伯权："风疹病毒研究的若干进展"，《国外医学·微生物学分册》，1987，4。

陈伯权，孙月英，刘琴芝，吴美英，王树蕙，苏小玲，陶三菊，杨冬荣，过迪，江之云，孙屹峰，顾方舟："用 Epstein-Barr 病毒转化法获得分泌肾综合征出血热病毒抗体的 B 淋巴细胞系"，《病毒学报》，1987，4。

李初梅，顾方舟，陈伯权："影响风疹病毒血凝和血凝抑制试验若干因素的研究"，《病毒学杂志》，1987，4。

徐如良，顾方舟，沐桂藩："病毒受体的研究现状"，《国外医学·微生物学分册》，1987，5。

沐桂藩，王幼安，顾方舟："分泌抗肠道病毒 70 型单克隆抗体杂交瘤细胞系的建立"，《中华眼科杂志》，1987，23（3）：131—132。

顾方舟："脊髓灰质炎"，新中国预防医学历史经验编委会编：《新中国预防医学历史经验》第三卷，人民卫生出版社 1988 年版，第 137—144 页。

顾方舟，沐桂藩，吕华，徐如良："柯萨奇病毒的细胞受体单克隆抗体的制备与鉴定"，《病毒学报》，1988，1。

卢圣栋，顾方舟："生物技术与医学科学"，《生物工程进展》，1988，1。

陈伯权，孙月英，刘琴芝，吴美英，陶三菊，杨冬荣，王树蕙，苏小玲，顾方舟："用体外免疫法建立人-人抗流行性乙型脑炎病毒杂交瘤细胞株"，《病毒学报》，1988，2。

顾方舟，王树蕙，孙月英，苏小玲，陈伯权，刘琴芝，陶三菊，严玉辰，贯克丽，刘国敏："抗流行性出血热病毒人-人杂交瘤细胞株的建立（简报）"，《中国医学科学院学报》，1988，2。

顾方舟，孙月英，王树蕙，苏小玲，陈伯权，刘琴芝，陶三菊："一株人骨髓瘤细胞株（KSW-1）的建立（简报）"，《中国医学科学院学报》，1988，2。

李以莞，顾方舟："人基因组顺序测定蓝图———一项直观探测人体本质的巨大科学工程"，《科技导报》，1988，3。

沐桂藩，吕华，顾方舟："免疫荧光试验在肠道病毒鉴定中的应用"，《中国免疫学杂志》，1988，5。

沐桂藩，吕华，徐如良，顾方舟："免疫荧光和免疫酶染色检查沙眼衣原体包涵体"，《生理科学》，1988，6。

沐桂藩，吕华，徐如良，顾方舟，谭柯，庞国祥，魏爵阳："柯萨奇病毒A24引起的急性出血性结膜炎快速诊断的研究（简报）"，《中国医学科学院学报》，1989，2。

沐桂藩，吕华，徐如良，顾方舟，谭柯，庞国祥，魏爵阳："1988年北京急性出血性结膜炎大流行的病原学研究（简报）"，《中国医学科学院学报》，1989，2。

沐桂藩，吕华，顾方舟："肠道病毒70型血凝及血凝抑制试验"，《眼科研究》，1989，3。

顾方舟："关于发展中国生物医学工程学的几点看法"，《试验技术与试验机》，1989，4。

沐桂藩，吕华，徐如良，顾方舟："分泌抗沙眼衣原体单克隆抗体杂交瘤细胞株的建立"，《中国免疫学杂志》，1989，4。

徐如良，沐桂藩，吕华，顾方舟："可溶性Hela细胞柯萨基B组病毒受体性质的研究"，《中国医学科学院学报》，1990，12（1）：13—17。

顾方舟："九十年代医学科学技术发展趋势"，《中国科技信息》，1990，14。

顾方舟："中国生物医学工程的发展道路"，《中国生物医学工程学报》，1991，1。

王树蕙，孙月英，苏小玲，顾方舟，么崇正，孙强，杨子义，孔燕国，陈伯权，黄汉源："抗乳腺癌人单克隆抗体CM-1的制备和初步鉴定"，《中国医学科学院学报》，1991，1。

么崇正，杨子义，李方，王世真，孙强，黄汉源，王树蕙，孙月英，苏小玲，顾方舟："抗乳腺癌人单克隆抗体用于裸鼠移植瘤显像"，《肿瘤》，1991，4。

沐桂藩，吕华，徐如良，顾方舟："单克隆抗体对柯萨奇病毒A24型抗原分析"，《中国医学科学院学报》，1991，2。

顾方舟："九十年代世界和我国医学科学技术发展的趋势及我们的对策"，《山西医药杂志》，1991，6。

顾方舟："医学科学技术发展趋势及政策"，中共中央办公厅调研室编：《新科技革命的趋势和对策》，法律出版社1991年版，第76—89页。

董增军，李德春，陈绍先，蒋明，谢少文，顾方舟："SLE患者穿孔素基因的表达（简报）"，《中国医学科学院学报》，1992，3。

孙月英，苏小玲，齐明，徐鸿雨，张素梅，吴衍，孙文宪，端木玉明，顾方舟："脊髓灰质炎单克隆抗体诊断试剂盒的制备和应用"，《中华微生物学和免疫学杂志》，1992，12（1）：61—64。

顾方舟："医学发展趋势及其展望"，《宁波医学》，1994，3。

王树蕙，孙月英，王维刚，苏小玲，杨子义，么崇正，孙强，顾方舟，甄永苏："抗乳腺癌人单克隆抗体的制备及其应用的实验研究"，《中国医学科学院学报》，1996，3。

唐七义，李敏，王树蕙，张云，顾方舟："犬腺病毒Ⅰ型疫苗株DNA右末端序列分析"，《中国医学科学院学报》，1996，1。

吴松泉，顾方舟："HIV感染与硒衰竭"，《微生物学免疫学进展》，1998，4。

吴松泉，刘丽，兴安，邱长春，梁植权，顾方舟："重组人肿瘤坏死因子α和白细胞介素6融合基因的构建和表达"，《微生物学免疫学进展》，2000，1。

程连昌，高潮，顾方舟，国林，田光华："充分发挥老科技工作者在科教兴国中的重要作用"，《科协论坛》，2001，7—8。

英文论文

Ku Fang chou, Chang Ping jui, Chen Hsi sheng et al., "A Large Scale Trial with Live Poliovirus Vaccine(Sabin's Strain) Prepared in China", *Chinese Medical Journal*, 1963, 82:131—137.

Ku Fang chou, "Infectious Diseases 1979—Viral Diseases in China: Past Achievements and Future Trends", *The Journal of Infectious Diseases*, 1979,

140(3):426—427.

Ku Fang chou, Dong De xiang, Shi Ou sheng et al., "Poliomyelitis in China", *The Journal of Infectious Diseases*, 1982, 146(4):552—557.

Ku Fang chou, Liu Yang, "Intertypic Common Antigens of Seven Types of Human Enteroviruses", Proceedings of The Chinese Academy of Medical Sciences and The Peking Union Medical College, 1986, 1(2):91—98.

Mu Gui fan, Lu Hua, Ku Fang chou et al., "The Etiology of Acute Hemorrhagic Conjunctivitis(AHC) in Beijing", Proceedings of The Chinese Academy of Medical Sciences and The Peking Union Medical College, 1986, 1(4):227—230.

Liu Yang, Mu Gui fan, Ku Fang chou et al., "Characterization of VP1 as Immunodominant Antigen of Enterovirus Type 70 and Antigenic Analysis of Virus Strains by Monoclonal Antibodies", *Chinese Medical Journal*, 1988, 101(1):20—24.

Ku Fang chou, "Epidemiological and Etiological Studies of Acute Hemorrhagic Conjunctivitis in China", Y.Uchida, K.Ishii et al., *Acute Hemorrhagic Conjunctivitis*. Karger, 1989: 151—156.

新闻报道

"顾方舟教授荣任英国皇家内科学院院士",《中国医学科学院学报》,1988年6月。

郭振东:"一片忠心系神州——访北京市科协第四届主席顾方舟",《学会》,1992年第Z1期。

张雪梅:"斩断'魔手'——病毒专家顾方舟",刘虎山主编《科技之星》,同心出版社1993年版,第158页。

昭华:"就解决我国科技人员'人才断层'问题 顾方舟提出五点建议",《中国人才》,1990年7月。

"顾方舟呼吁:建立科学法庭 树立科学观念",《中国民办科技实业》,1994年

5 月。

人才："学者伉俪——记病毒学专家顾方舟、李以莞夫妇"，《时事报告》（中学生版），1995 年 3 月。

金萍："天光云影共徘徊——记病毒学专家顾方舟夫妇"，《国际人才交流》，1995 年 11 月。

于欣荣："学会工作点评——北京市科协主席顾方舟教授访谈录"，《科协论坛》，1997 年 3 月。

孙红宝："顾方舟给生命以支撑"，《经济日报》，1999 年 7 月 6 日。

江沪沪："第一个研制出国产脊髓灰质炎活疫苗的顾方舟"，《光明日报》，1999 年 9 月 2 日。

朱锡莹："把一生献给消灭脊髓灰质炎事业的人——记原中国医学科学院院长顾方舟"，《中国卫生画报》，2001 年 4 月。

王忠源："此生无憾——访中国医学科学院原院长，中国协会医科大学原校长顾方舟"，《科学中国人》，2003 年第 3 期。

郭桐兴："为中国消灭脊髓灰质炎立大功的人——我国著名病毒学家顾方舟先生访谈录"，《今日世界》，2005 年第 7 期。

王树蕙，彭小忠："使命与奉献——祝贺顾方舟教授从医 55 周年"，《中华实验和临床病毒学杂志》，2006 年 3 月。

中国科学技术协会："顾方舟（1926—）中国科学技术专家传略"，王琳芳主编《医学编：基础医学卷》（2），中国科学技术出版社 2008 年版，第 245—258 页。

李阳和："顾方舟一生牵挂一件事"，《健康报》，2009 年 4 月 10 日。

顾方舟教授 85 寿辰庆祝文编写组："使命与奉献——记'中国脊髓灰质炎疫苗之父'顾方舟教授"，《生物工程学报》，2012 年 3 月。

徐源："病毒学家顾方舟：一生只为一件事"，《中国科学报》，2017 年 5 月 8 日。

为了不被忘却的纪念

——编后记

2013年，我参与一个公益广告的拍摄，机缘巧合认识了顾方舟先生。了解到他所从事的脊髓灰质炎防疫研究后，我心生敬意，深感荣幸。所以我们国家图书馆中国记忆项目中心跟顾老商量做他的口述史，很高兴他答应了。我们想做顾老的口述，听他讲讲过去的故事，想让更多的人，想让以后的人，知道他们的名字，知道他们那一代人，曾经上下求索、艰苦卓绝的热血青春。

顾老生于1926年，访问时他已近90岁。可能是由于岁月的沉淀，他的叙述大多很平淡。尤其是说到专业术语，为了便于我们理解，他尽量用最简单平易的语言说明。关于他当时碰到多少困难，"文革"中怎样被批斗，他都一句带过，轻描淡写。可他会说："像钱学森他们那才难呢，我们这不算什么。"就像我们曾经采访的老兵，对于自己当年所受的酷刑，也会说跟别人比我这不算啥。正如顾老自己所说，他从母亲身上继承了坚韧的性格，怎样吃苦受累也要把事情干成。可能这就是那一代人身上共有的特质，不计个人得失，只为国家需要。

我一直记得他说："我今年87岁了，我是一路跟着国家的历史发展走过来的……"我们这代年轻人可能容易对好莱坞电影中宣扬的人道主义、英雄主义萌生好感。其实我们国家从不缺英雄，不缺奉献的榜样，只是需要更多有感染力的表述或传播方式。

我们很多人对歌手、演员如数家珍，却很少有人能说出几位科学家、工程师、教育家的名字。我们一生受惠于他们，却不知道他们是谁，而他们吃了多少苦，为国家做了怎样的贡献更是鲜为人知。还是来听听他们讲那过去的故事吧，那种"亡国奴"的屈辱，那种对国家富强的热望，以及他们身上"以身许国"的决绝，你会真正体会艾青"因为我对这片土地爱得深沉"的真切情感。

　　顾老说这一辈子没什么遗憾，第一是为国家做了一点事，第二是找了个好老伴。好老伴这个点让我很兴奋，同时访谈那么多次，也能看到夫人李以莞老师对顾老的悉心照顾。而顾老对李老也很依赖。每次访谈时只有李老在旁边陪伴他才会安心。可是提及他们的感情，顾老说当时谈恋爱就是谈革命，没有什么卿卿我我。在他们结婚第五天顾老就奔赴苏联，四年未归。那个时代的感情，跟当今这个时代完全不同。那种革命的情谊，共同的世界观、人生观，让他们相扶相持，白首相依。

　　对顾老的访谈是在2015年结束的，在访谈最后，他还满心忧虑。1959年，顾老一行人去苏联考察脊灰疫苗的情况时，死疫苗、活疫苗两派争论得不可开交，没有哪个人能解答，我们国家选择哪一种是对的。但是考虑到我国的国情，经济实力太弱、人口众多、需培训大批防疫队伍，他向国家建议了活疫苗的技术路线，也被采纳。事实证明，当时的决定是对的，我国也实现了无脊灰的目标。

　　因为脊髓灰质炎尚未在全世界消灭，所以我国仍需继续免疫。但是服用脊灰活疫苗，仍有百万到二百万分之一的几率，孩子因为自身免疫缺陷，因服苗而生病。百万分之一，听起来几率好像很小了，可谁愿摊上这样的事，这个孩子怎么办？家长、科研人员又怎么能忍心？可是考虑到国家大规模的资金投入，人口还是那么多，他又举步维艰，这其中有太多无奈。

　　响应世卫组织的决议，2016年5月1日起，我国将1剂次脊灰灭活疫苗和3剂次二价脊灰减毒活疫苗纳入国家免疫规划。这又大大降低了因服用活疫苗致病的几率。据医学生物学研究所老师提供的消息，我国计划从2018年开始，脊灰免疫全部使用灭活（死）疫苗。由此我想到了鲁迅先生的话"为了忘却的纪念",顾老可以释然了吧!

顾老那一代人的奋斗已慢慢成为历史。因为不再使用活疫苗,以后新出生的孩子们不会知道糖丸是什么;待全世界消灭了这个疾病以后,人们会好奇脊灰是什么病,真有那么可怕?可如果当年我们国家没使用活疫苗,没有推行对应的免疫策略,这病又怎么能成为历史,或怎么能这么快成为历史!

本书出版,有太多人要感谢。感谢医学生物学研究所李琦涵所长和几位老师的支持,感谢各位老师不仅全力配合我们的拍摄、修改相关稿件,后来还专门组织了会议,讨论所提供照片的拍摄年代,他们认真负责的态度,是我们后辈的榜样。感谢石怀生、和占龙老师提供的历史照片;特别感谢王海坚、郭自前老师帮助安排、协调各位老师的拍摄和核对各种资料。感谢北京协和医院李乃适博士对本书学术内容的审校,并提供了很多指导意见;感谢医学科学院刘静老师提供了顾老所有的电子照片。感谢我们国家图书馆中国记忆团队共同的努力。

借本书,我想代表我们所有吃糖丸长大的孩子,感谢顾老和他的同事,谢谢你们让我们远离病残;我也想代表未来的孩子,感谢以顾老为代表的几代公共卫生工作者的不懈努力,谢谢你们让一种疾病成为过去。

范瑞婷
2018年2月